AF452993

# L'ART

DANS LES

# Travaux à l'Aiguille

# L'ART

DANS

# Les Travaux à l'Aiguille

PAR

## G. FRAIPONT

PROFESSEUR A LA LÉGION D'HONNEUR

---

*Ouvrage orné de trente-neuf dessins inédits de l'auteur et d'un album*
*de trente-deux doubles planches en couleurs*
*donnant des spécimens de tissus de toutes les époques*

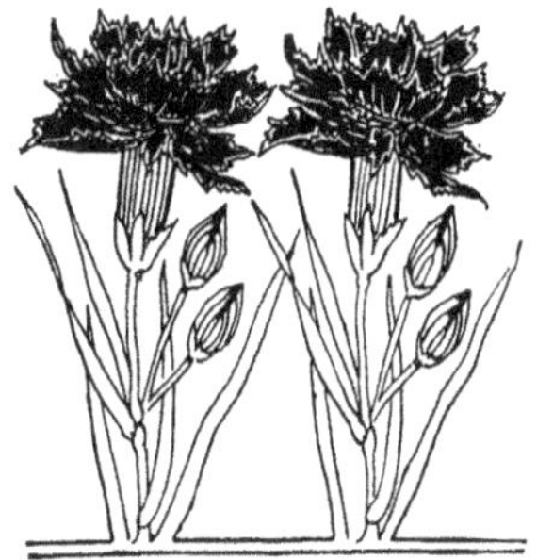



PARIS

**LIBRAIRIE RENOUARD**

HENRI LAURENS, ÉDITEUR

*6, rue de Tournon, 6*

# L'ART

DANS LES

# TRAVAUX A L'AIGUILLE

---

## INTRODUCTION

---

Parmi tous les modes employés pour faire de l'*art décoratif*, il en est un charmant entre tous, charmant non seulement par les résultats qu'on peut obtenir, mais charmant aussi parce qu'il est essentiellement féminin : c'est de la *Broderie* que nous voulons parler, ce mot *broderie* pris dans la plus large acception et employé ici comme terme général renfermant aussi bien les travaux faits à l'aide de l'aiguille enfilée de soies multicolores destinées à enrichir les soies ou les velours, que ceux exécutés avec le modeste crochet guidé par une adroite petite main qui tortillera le fil pour en former des festons, des dentelles. Par broderie nous entendons tout aussi bien les dessins piqués sur la toile avec un coton d'un ton unique que ceux combinés sur le canevas avec des laines de toutes nuances.

Que ce soit le *passé* ou l'*aiguille*, le *triboulet* ou le *crochet ;* qu'on s'installe au *coussin*, au *carreau* ou au *métier ;* que l'ouvrage fait se nomme *filet* ou *macramé*, *dentelle* ou *frivolité*, *tapisserie* ou *points damassés*, nous enserrons le tout sous cette même rubrique : Broderie.

Cela nous sera plus aisé d'abord et nous ne courrons pas ensuite le risque de confondre l'un ou l'autre, car, hélas! il nous faut bien l'avouer, nous sommes peu expert en la matière et si nous voulions trop nous appesantir sur le côté « technique » de chacun des genres susnommés, nous risquerions fort de nous embrouiller dans les mailles et de nous'y empêtrer de telle sorte qu'il nous serait impossible de nous dégager...; pris au piège nous ferions triste figure et quelque mignonnes que seraient les bouches souriant de la mésaventure, nous aimons mieux nous abstenir.

Adonc nous ne nous aviserons pas, en ces quelques pages, de vous dire, Mesdames, de quelle façon vous devez tenir votre aiguille ou votre crochet, de quelle manière vous devez enrouler votre fil ou glisser votre soie ; vous savez ceci mille fois mieux que moi ; à peine commenciez-vous à trotter de vos petites jambes que déjà de vos petits doigts vous saviez adroitement piquer une aiguille et vous traciez peut-être sur le canevas des lettres superbes alors que vous en ignoriez encore la signification tandis que moi, barbon, je ne serais point à l'heure qu'il est, capable de réparer le moindre accroc fait à mon justaucorps.

— Alors, me dites-vous gentiment, de quoi vous mêlez-vous ? et quel besoin de bavarder vous engage à traiter d'un sujet que vous ne connaissez pas ?....

Nous y voici !...

Il est entendu que, suivant le genre de travail que vous comptez faire, je vous laisse le soin de manier de vos jolies mains l'outil mignon que vous choisirez ; mais vous voudrez bien me permettre de causer un peu avec vous, non du parti que vous pourrez tirer de l'outil lui-même, non de la forme du *point* qu'il vous faudra choisir ou de la grandeur des jours qu'il vous faudra ménager, mais bien du genre de dessin que vous pourrez adopter, des jeux de couleurs que vous chercherez à obtenir; en un mot, si vous le voulez bien, nous tenterons ensemble de trouver des combinaisons neuves, non en tant qu'exécution, ceci est votre affaire, mais en tant que composition. Nous discuterons ensemble « la matière, la forme, la couleur, le dessin ». Et ceci, quoi que vous en disiez et quoi que j'en aie dit, ne m'empêchera pas, en m'éclairant de la lumière des autres, de m'occuper incidemment de tel ou tel genre de broderie...; si je faisais quelque impair, je citerais mes « auteurs ».

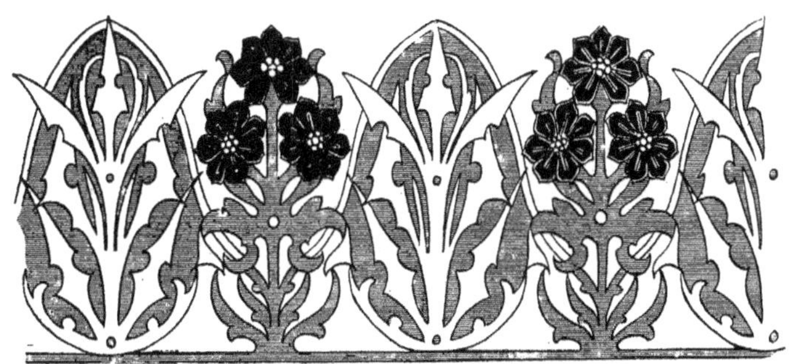

Fig. 1.

## CHAPITRE PREMIER

# DE « L'ART NOUVEAU »

Tout en cherchant à faire « du nouveau » il n'est pas sans intérêt de voir un peu ce qu'ont fait les « anciens » non pour les copier, mais pour profiter des leçons qu'il nous ont données et, gardant les principes qu'ils nous ont inculqués, en tirer d'autres motifs.

Chercher à abandonner les « chemins battus », c'est fort bien ; vouloir trouver d'autres sujets que les lotus égyptiens ou les palmettes grecques, d'autres ornements que les tores et les cuirs de la Renaissance ou les coquilles et les rocailles du Louis XV, c'est mieux encore, mais cela n'est pas une raison pour dédaigner les uns ou les autres.

Sous prétexte d'*art nouveau* d'aucuns sont un peu trop enclins à jeter aux gémonies nos prédécesseurs, — à trouver qu'il faut envoyer au rancart toutes ces « vieilles machines » datant d'un autre âge et s'affirmer avant tout : « fin de siècle » ! — Fin de siècle, c'est parfait, le mot est amusant; mais quelle signification a-t-il au juste?.. personne jusqu'ici n'a pu m'en donner la définition exacte, et quant à moi je ne l'ai pas trouvée encore. Des artistes de très grand mérite, de très grande érudition et de non moins de talent se sont astreints à chercher, chercher toujours, chercher sans cesse à faire naître « enfin » un art nouveau; y sont-ils arrivés?... Oui et non — Oui, peut-être en temps qu'interprétation, et encore... Non, certainement en tant qu'invention.

On ne peut pas *de toutes pièces* créer un art nouveau ; ceci est aisé à comprendre. Depuis que le monde est monde on s'inspire des éléments que la nature donne à profusion ; en chercher d'autres, c'est au-dessus de notre compréhension ; quelque forme que vous traciez, la nature l'a tracée avant vous ; quelque ornement que vous combiniez, la nature vous en a donné les premières indications. Aussi est-ce dans la nature seule que réside toute source d'ornementation quelle qu'elle soit ; la figure humaine, blanche, rouge ou noire, ou la race animale à deux pattes, à quatre pattes ou sans pattes du tout ; la fleur cultivée ou sauvage, poussant dans le sable ou émergeant des eaux ; le fruit à pépin, coque ou noyau ; l'arbre géant des forêts vierges ou l'arbrisseau se ramifiant au bord des routes ; voire le légume, bulbeux, cossu ou tuberculeux, ont de tout temps inspiré les artistes ; c'est parmi les uns ou les autres qu'ont été puisés tous les motifs décoratifs, tous les sujets ornementaux et ce sera toujours ainsi tant que la nature, douée de beaucoup plus d'imagination que nous, ne s'avisera pas de produire autre chose que des bêtes et des gens, des roses et des ronces, des cerises et des raisins, des chênes et des églantiers, des carottes et des choux ; tout artiste, quelque imaginatif, quelque fantaisiste soit-il, parcourt donc un cycle où rayonnent les uns et les autres, et suivant son imagination ou sa fantaisie choisit les uns ou les autres, les pétrit, les contourne, les régularise ou les échevèle pour en tirer un ornement autre que l'ornement agencé par son voisin qui s'est servi des mêmes éléments que lui en les triturant d'autre manière. Ce qu'il nous plaît d'appeler « art nouveau » n'est donc en somme qu'une façon plus ou moins neuve d'agencer les motifs créés par la nature, un assaisonnement à notre façon, une sauce de notre cru pour accommoder les mets qu'elle nous offre.

Certains artistes sont arrivés ainsi à donner de l'inattendu à leurs compositions ; mais croyez bien qu'ils connaissaient à fond non seulement les styles de toutes les époques, mais les types de décorations de tous les pays et que c'est souvent en mélangeant les uns avec les autres, en faisant un salmigondis d'égyptien et d'arabe, de japonais et d'indien qu'ils sont arrivés à vous donner le mirage d'un genre nouveau, alors qu'il n'est, en somme, que le composite d'éléments divers. Les seuls qui aient fait faire des *progrès* à la décoration, et ils ne sont pas légion tant s'en faut, sont ceux qui ont puisé dans la nature seule leurs motifs fondamentaux, agissant en ceci comme nos pères qui ne cherchaient qu'en elle leurs inspirations. En étudiant les maîtres anciens, les artistes dont j'entends parler ont cherché non à les copier, mais à pénétrer leur façon de se servir des éléments naturels, puis ils se sont ingéniés à leur tour à en user différemment.

Mais à côté de ces artistes sincères, travailleurs et chercheurs érudits, combien d'autres qui se contentent d'un « à peu près »; qui ne voient, dans l'œuvre du promoteur, que le « truc », comme ils disent. Sous prétexte que tel artiste de valeur cherche à faire simple et, s'inspirant quelque peu des primitifs, se contente d'un trait contournant la forme et d'un à plat pour le remplir, combien de barbouilleurs se figurent qu'il suffit de faire un trait « quelconque » enserrant une forme non moins « quelconque » barbouillée d'une teinte plus quelconque encore pour produire de « l'art nouveau!... » Les pauvres! qui ne voient en effet que le *truc*, non l'art, l'enveloppe et non ce qu'elle renferme.

Et malheureusement beaucoup de gens parmi lesquels certains s'intitulent « critiques d'art » (titre qu'ils se confèrent eux-mêmes du reste, mais que d'aucuns prennent au sérieux) crient « au miracle », poussent des cris d'admiration, clament « au génie » devant certaines petites horreurs qui n'ont ni queue ni tête et ne possèdent, comme originalité que... celle de n'en avoir point du tout; un trait, une tache... et voilà une composition « fin de siècle ». Le trait est maladroit, bête; la tache est affreuse, de mauvais goût, qu'importe, œuvre d'art quand même.

Eh bien non! cent fois non!

Nous parlions tantôt des primitifs; voyez donc la façon dont le trait s'agence, avec quelle harmonie les lignes se croisent ou se contournent; regardez combien les tons sont appliqués non au hasard, mais considérément et de façon à se faire valoir les uns les autres.

Il en est de même des artistes « sincères » dont je parlais tout à l'heure; les autres, ceux dont je viens de dire deux mots, n'étant ni artistes, ni sincères, je ne m'occuperai plus d'eux sinon pour vous dire de ne jamais les prendre au sérieux et de ne jamais vous inspirer d'eux. Les artistes sincères, dis-je, qui ont cherché à donner du renouveau à l'art décoratif, ne se contentent point, eux, d'un trait ou d'un ton posés « comme ça veut ». Le trait a beau être simple et le ton tranquille, l'un et l'autre n'en sont pas moins

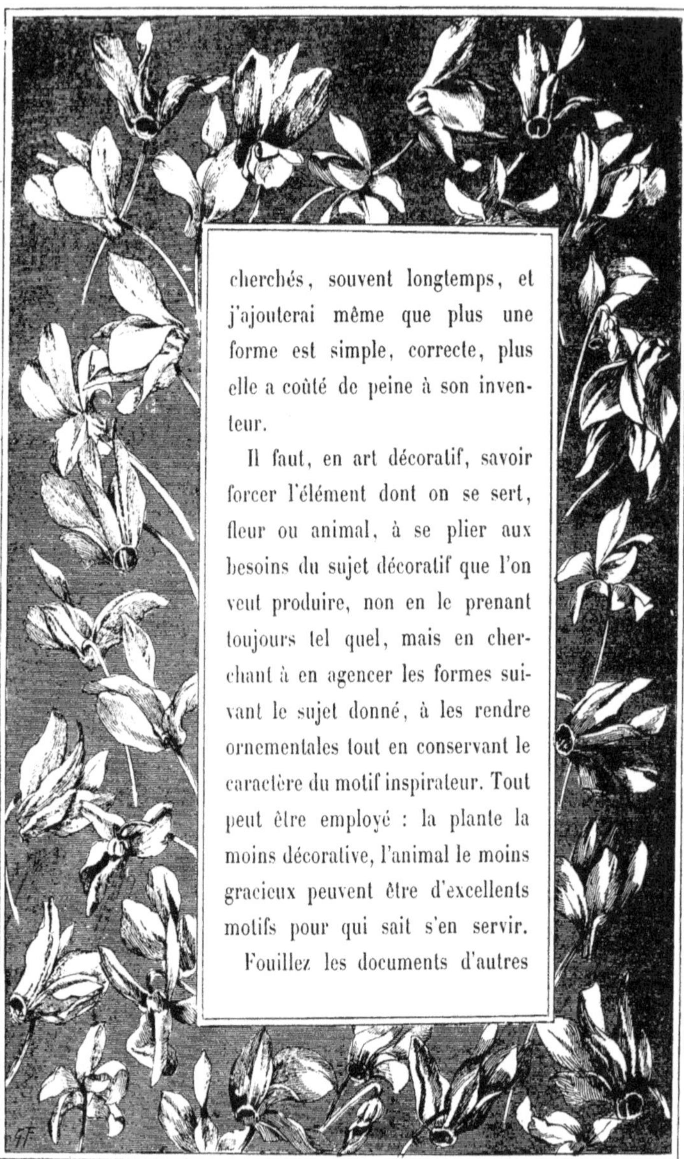

cherchés, souvent longtemps, et j'ajouterai même que plus une forme est simple, correcte, plus elle a coûté de peine à son inventeur.

Il faut, en art décoratif, savoir forcer l'élément dont on se sert, fleur ou animal, à se plier aux besoins du sujet décoratif que l'on veut produire, non en le prenant toujours tel quel, mais en cherchant à en agencer les formes suivant le sujet donné, à les rendre ornementales tout en conservant le caractère du motif inspirateur. Tout peut être employé : la plante la moins décorative, l'animal le moins gracieux peuvent être d'excellents motifs pour qui sait s'en servir.

Fouillez les documents d'autres

Fig. 2.

époques, d'autres pays ; voyez les œuvres produites au moyen âge, à la Renaissance, sous Louis XIV, sous Louis XV ; étudiez les productions des Égyptiens,
des Hindous, des Japonais, des Chinois, et vous verrez les éléments multiples
et divers qui leur ont servi pour l'agencement de leurs œuvres décoratives ;
les derniers surtout se sont ingéniés à prendre dans la nature les choses les
plus inattendues ; les plantes les plus bizarres, les plus communes, les
animaux les plus singuliers, souvent les plus hideux, araignées ou limaçons,
crapauds ou tortues, leur ont fourni prétexte à des pages merveilleuses.

Eh bien ! et c'est là où je voulais en venir, faisons comme eux, employons
les mêmes moyens, mais servons-nous-en autrement.

Nous voilà loin de la Broderie, dites-vous ? point du tout, et tout ce que je
viens de dire s'y rapporte parfaitement.

Si vous voulez considérer la Broderie, uniquement comme une amusette,
un passe-temps sans importance et propre seulement à occuper les jours de
pluie quand la promenade, le law-tennis ou la bicyclette sont impossibles ou
les soirées non prises par la danse ou la musique, point n'est besoin, en
effet, d'aller chercher bien loin des modèles nouveaux. Un bout d'étoffe
n'importe lequel, une aiguille et de la soie vous suffiront pour reproduire un
feston banal ou une fleurette mille fois employée... Et pourtant, même si
vous ne cherchez qu'une distraction, pourquoi ne pas vous ingénier à trouver
du nouveau ?... Quoi qu'il en soit, je continue ; celles d'entre vous, Mesdames,
qui ne se sentiront pas d'humeur à chercher longuement le sujet à broder, en
seront quittes pour me fausser compagnie, si ce n'est fait déjà ; les autres,
celles qui voient véritablement dans la broderie un moyen de produire des
œuvres décoratives souvent du plus grand effet, me suivront jusqu'au bout si
elles me font l'honneur de croire que ce que j'écris peut être de quelque
utilité pour elles.

CHAPITRE II

# LES APPLICATIONS DE LA BRODERIE

Il est donc entendu que nous considérons la broderie, non comme une façon charmante d'occuper ses loisirs, mais comme moyen d'interprétation pouvant se classer dans les arts décoratifs aussi bien que la peinture à l'eau, à l'huile, à la colle, à la détrempe, et pouvant rendre des effets parfois aussi intenses que ceux produits par ceux-ci, par les émaux et la céramique.

Pour imiter « la nature » telle quelle, l'éclat d'un coucher de soleil ou la mélancolie d'un paysage brumeux ; pour reproduire un point de vue à vastes perspectives ou un sous-bois piqueté de verts de toutes familles, la broderie ne sera évidemment point de mise, elle ne se prête point à semblable besogne ; mais, pour tout ce qui est « art décoratif » proprement dit, elle peut parfaitement, en certains cas, lutter avec les procédés cités et parfois même avec avantage. Si la peinture (de quelque genre que ce soit) a pour elle une palette infiniment variée, dont les mélanges de couleurs prêtent aussi bien à l'obtention des tons les plus fins que des couleurs les plus violentes ; si les céramiques produisent des notes fulgurantes grâce au mélange des couleurs à l'émail et au luisant intense de celui-ci, la broderie a pour elle la richesse de coloris des soies ou des laines, palette fort riche aussi celle-là ; elle a en outre le chatoiement, la richesse des étoffes sur lesquelles ces soies et ces laines viendront s'enlacer, se nouer, pour produire des compositions dont les agencements varieront à l'infini et qui pourront aussi bien être intégralement la reproduction d'un motif pris sur nature, fleur, insecte, oiseau, dont elle saura rendre toutes les nuances, que le motif composé avec cette

même fleur, ce même insecte, ce même oiseau traité ornementalement et
coloré de nuances conventionnelles.

Par ce qui précède nous n'entendons point dire que « tout » ce qui peut,
même en tant qu'art décoratif, se traduire par le pinceau ou la brosse peut
également se traduire par l'aiguille ou le crochet ; il est bien certain que la
peinture présente des ressources que n'a pas la broderie et qu'on peut faire,
grâce à l'une, foule de choses qu'il serait difficile de faire
grâce à l'autre ; nous ne voulons pas exagérer et nous
tenons à laisser à chaque procédé
ses avantages et ses inconvénients.

Et tout d'abord il y a là une
question d'heures ; quelle que soit
l'habileté du « virtuose », il lui faut
un temps moral pour jouer son mor-
ceau. Quelle que
soit la dextérité du
« décorateur », il
lui faut un nombre
d'heures rationnel
pour exécuter son
œuvre. Or, en quel-
ques minutes et de
quelques coups de
pinceau adroits,
une fleur, si com-
pliquée qu'elle soit,

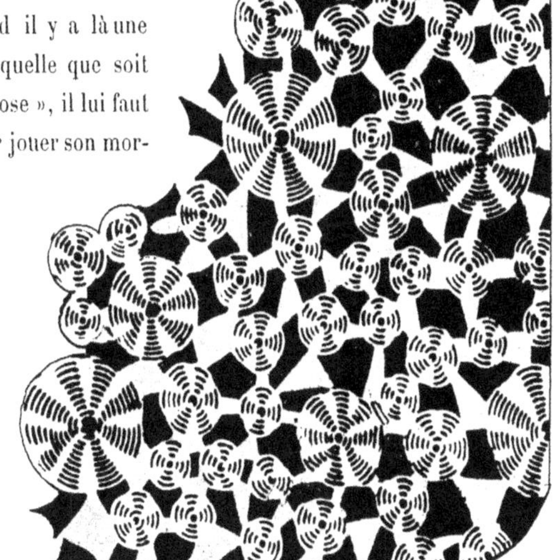

Fig. 3.

a pris sa forme et sa couleur : mais que d'heures à dépenser pour reproduire
cette même fleur à l'aide d'une aiguille et de quelques brins de soie !... En
dehors de la difficulté de certaines œuvres il y a donc encore la question de
temps ; on a beau se dire qu'avec de la patience et de la méthode on arrive
à tout, encore faut-il posséder de l'une et de l'autre une dose suffisante ; n'importe, je mets en fait que bien des choses qui se font actuellement en peinture
pourraient fort bien, et avec avantage, se faire en broderie.

Au reste, je ne m'adresse pas ici aux seuls « pratiquants », mais aussi à ceux qui, amateurs de belles choses, aiment à en posséder, et qui seront peut-être de mon avis quand je leur dirai que tel panneau décoratif peint habilement sur tel entre-deux de fenêtre ferait un effet beaucoup plus surprenant et rentrant mieux dans le caractère général de la pièce, s'il était traité en broderie. Comme en peinture, la collaboration ici me parait tout indiquée ; quand un décorateur est chargé de l'ornementation d'une pièce, croyez-vous que seul il exécute?... il n'en finirait plus, le pauvre diable ; il aurait beau suer sang et eau, il n'en sortirait point. Aussi, suivant la dimension de la surface à couvrir,

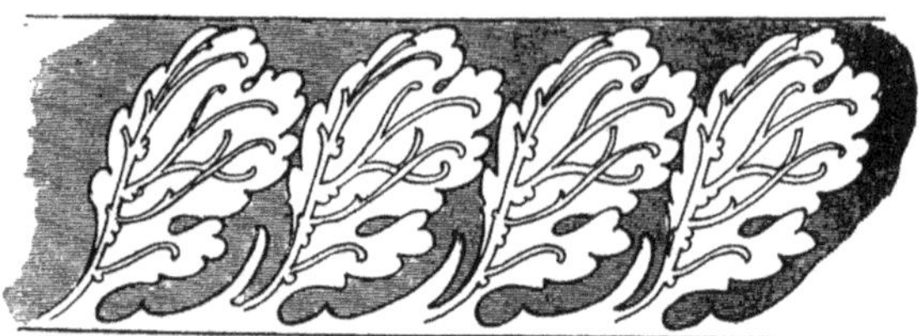

Fig. 4.

emploie-t-il un, deux, dix collaborateurs ; y a-t-il une raison péremptoire qui empêche d'en faire autant pour la broderie ?...

Si la peinture décorative « fait très bien » dans maintes décorations, la broderie décorative ferait souvent tout aussi bien. Prenez (je choisis cet exemple sur une chose vue) une pièce tendue d'étoffe, de peluche appliquée par panneaux enclavés dans des boiseries : sur tel panneau s'accroche une branche de clématites, sur tel autre une touffe de roses se pique ; sur celui-ci volète un papillon, sur celui-là une libellule se frôle ; or, clématites et roses, papillons et libellules sont peints, fort habilement du reste, mais ne produisent pas l'effet certainement attendu ; quelque adroitement que soient traités les uns et les autres, la nature même du procédé employé nuit à l'effet, la peinture paraît brutale, grossière sur cette étoffe aux reflets brillants. Cela fait opposition, me direz-vous ; je vous l'accorde, mais une opposition d'un aspect médiocre ; or, je suis persuadé que si les mêmes motifs, au lieu d'être peints, avaient été brodés, fût-ce avec des matières mates, l'effet eût été tout autre, l'opposition tout aussi accusée et en tout cas l'ensemble plus harmonieux et mieux adapté au caractère général de la pièce.

Je cite un exemple au hasard, on les trouverait nombreux.

Jusqu'ici la broderie a été employée surtout pour les meubles, les écrans, les paravents, les housses de piano, les dessus de table, etc.; je parle de la broderie de soie monochrome ou multicolore, non de celle employée pour l'ornementation de la lingerie ou du linge de table.

Cent autres applications du ravissant procédé pourraient être faites, applications plus larges, d'une plus grande envolée.

Maintes fois vous avez vu comme moi des pièces tendues d'étoffes unies

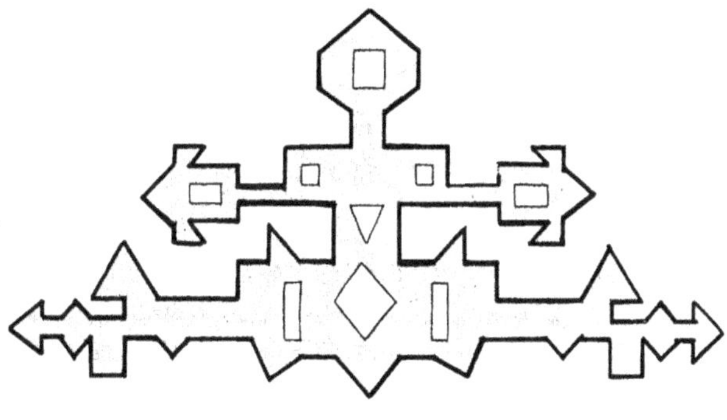

Fig. 3.

ou à ramages; dans ces dernières c'est toujours le même motif qui (comme dans le papier peint) revient à intervalles plus ou moins éloignés, de là une monotonie forcée, quelles que soient du reste la richesse du dessin ou l'ingéniosité de son agencement. Eh bien, dans certains cas, qu'est-ce qui empêcherait d'employer comme tenture une étoffe unie et damassée et de broder capricieusement sur la première des motifs en rapport avec la tenue générale et le caractère de la pièce, et sur le second de se servir des motifs damassés pour repiquer certains de ceux-ci de soies aux tons divers? Je vous donne l'idée pour ce qu'elle vaut et parce que, jusqu'à preuve du contraire, elle me paraît bonne et pratique; il va sans dire qu'il ne faut pas surcharger, et qu'il ne s'agit pas non plus de jeter au hasard de l'aiguille ici une fleur et là un oiseau, mais qu'il faut bien étudier son projet avant de le mettre à exécution.

Cette idée, j'y reviendrai dans les pages suivantes en donnant quelques exemples à l'appui et en cherchant avec vous d'autres idées vous permettant, Mesdames, d'employer utilement votre talent de brodeuses.

Pour l'instant, et avant d'aller plus loin, voulez-vous que nous passions ensemble une courte revision des choses faites par « nos anciens » et que nous voyions très brièvement quelques-uns des caractères de chaque époque? ce ne sera pas œuvre inutile, et m'est avis qu'il ne faut jamais se désintéresser de ce qui a été fait avant nous, d'autant mieux que tout le monde n'en est pas encore à « l'art nouveau » et qu'il peut très bien se faire que vous ayez à broder quelque cartouche Renaissance ou quelque rinceau Louis XVI pour une pièce *ad hoc*, et que, dans ce cas, il ne faut pas faire d'anachronisme. Quelques indications brèves sur chacun des styles de l'art français me paraissent donc opportunes ici.

## CHAPITRE III

# UN PEU D'ART RÉTROSPECTIF

## (DIFFÉRENTS STYLES)

A titre de documents nous donnons dans ce volume trente-deux planches fac-similés en couleurs de tissus anciens ; nous ne pouvons donner des types d'étoffes de chaque époque, mais nos musées, Cluny notamment, possèdent des échantillons nombreux que vous pourrez consulter et étudier à loisir.

En remontant aux $x^e$, $xi^e$ et même au $xii^e$ siècles, nous constaterons que la plupart des ornementations avaient pour bases des combinaisons de figures géométriques, des enroulements de bandes, des crosses entremêlées d'animaux chimériques et de palmes ou de feuilles massives.

Si nous passons aux $xiii^e$ et $xiv^e$ siècles, nous verrons naître une richesse de décoration inouïe ; vous les connaissez ces superbes frises gothiques, où des lignes en faisceaux ou des ogives s'échappent de mirifiques enroulements inspirés de la flore la plus variée. Plus nous avançons, plus l'ornementation se corse, se complique, s'accentue, s'exagère parfois ; les plantes tout d'abord employées semblent trop simples, on en cherche de plus compliquées qu'on complique encore ; le chou frisé, l'artichaut, le chardon, tortillés, déchirés, tiraillés en tous sens sur eux-mêmes ou démesurément allongés, forment la base de l'ornementation du $xv^e$ siècle, époque du gothique fleuri, flamboyant. Puis voici venir les merveilleux artistes qui pondèrent l'art de leurs devanciers et créent ce style merveilleux de la Renaissance commençant sous Charles VIII, finissant sous Henri IV. Tous les éléments imaginables leur ont servi de prétexte à ornementation. La figure humaine, les animaux capricieusement transformés en chimères, accompagnent les guirlandes, les arabesques faites de feuillages, de fruits, rarement de fleurs ; des cuirs, des écussons, des mascarons, des cartouches, des rubans, viennent trancher sur le tout. C'est surtout la feuille de chêne qui sert dans l'ornementation Renaissance, elle est employée en tous sens, groupée en rosace, tortillée en pendentif ou enroulée en rinceau, partout on la retrouve à profusion.

Au commencement du xvii<sup>e</sup> siècle, le genre d'ornementation change de nouveau, le style Louis XIII prend naissance. Se servant presque des mêmes éléments que leurs prédécesseurs, les artistes du xvii<sup>e</sup> siècle accusent un caractère différent, moins fin, moins gracieux que celui de la Renaissance. La feuille de chêne continue à tenir la place prépondérante, mais elle est alourdie, aplatie, de formes moins découpées, elle se mélange aux tons et aux guirlandes où se suspendent des grappes de fruits d'aspect moins fouillé que celles traitées par les artistes du siècle précédent. Les cuirs et les cartouches, les mascarons et les bandes employés avec discrétion sous la Renaissance abondent dans l'ornementation Louis XIII ; les uns et les autres sont soutenus par des chimères ou laissent dans leurs interstices poindre des figures de faunes grimaçants ou d'amours souriants ; des attributs, casques, boucliers, cornes d'abondance, viennent parfois compléter cette décoration d'un caractère majestueux, mais plutôt lourd.

Dans la seconde moitié du xvii<sup>e</sup> siècle (vers 1660), l'art décoratif se modifie encore, et peu à peu se dessine le majestueux style Louis XIV.

L'ornementation devient d'une richesse inouïe ; il y a surcharge parfois, mais néanmoins cette époque peut être considérée, au point de vue art, le seul qui nous occupe ici, comme une des plus remarquables. Pour certains éléments de décoration on puise dans l'antique, oves, godrons, entrelacs, rais de cœur, etc., mais enrichis, ornés superbement.

Dans toute l'ornementation il y a exubérance de motifs ; tout est employé, la figure, la flore, la faune, la nature morte, les motifs d'architecture, les lambrequins ; le chêne et le laurier s'enguirlandent, mais la base de la décoration est la feuille ornementale qu'employaient les Romains, modifiée, allégée, contournée et dentelée en découpures plus fines, plus compliquées ; c'est cette feuille, sorte d'acanthe, qui forme les rinceaux, les supports ; c'est elle qui domine, se recroquevillant en tous sens, ici pour remplir un écoinson, là pour soutenir un socle supportant des amours, des chimères ou des attributs.

Des fleurs naturelles, des brindilles fines viennent mitiger l'effet des parties trop massives. Les Bérain, les Lebrun, d'autres encore, s'ingénient à des compositions du plus merveilleux effet, du coloris le plus riche et le plus varié.

Nous voici au commencement du xviiie siècle, une nouvelle révolution artistique éclate. Les Messonnier (J.-A.), les Cressent, les Fillol, les Boucher, les Watteau y aident de toutes leurs forces. Des compositions tout à fait inattendues et tout à fait différentes de celles des époques précédentes sont conçues par une pléiade d'artistes dont les œuvres sont des plus variées et des plus complexes. Les gondolements de moulures, les rinceaux formés de feuillages ornementaux et de fleurs naturelles sont d'une fantaisie exquise ; alors que leurs prédécesseurs s'ingéniaient à régulariser leurs ornements, à répéter symétriquement à droite le rinceau enroulé à gauche, les artistes innovateurs du style Louis XV cherchent à rendre aussi irréguliers que possible leurs enroulements et même les formes qu'ils entourent : les rocailles, les coquillages bossués, contournés, recroquevillés, sont employés en abondance ; les fleurs naturelles, les feuillages de tous genres s'accrochent ou retombent en touffes et en guirlandes de la plus exquise fantaisie ; toute répétition, toute régularité en sont bannies. Des mascarons, des croisillonnements, des crosses, des plumes, des palmes encadrent des trophées de tous genres ; des figurines, des animaux, des singes surtout se livrant à toutes les fantaisies propres à leur nature, sautant, s'accrochant, grimaçant, musiquant. On pourrait presque dire du style Louis XV que ce fut le style le plus gracieusement échevelé, le plus aimablement spirituel, si nous n'avions l'époque Louis XVI, qui fut bien charmante, bien fine elle aussi. Ce style, s'inspirant du Louis XIV et du Louis XV, allégit ce que le premier avait de trop lourd, de trop cossu, et tempéra ce que le second avait de trop fantaisiste. Le feuillage est régularisé ; s'il se tortille encore, c'est avec une souplesse, une grâce inouïes, tout en se renfermant dans des contours fins et réguliers ; des flots de rubans, aux plis cassés droits, maintiennent des bouquets ou des guirlandes de fleurs d'une gracieuse légèreté ou soutiennent des attributs de tous genres : casques, armes, trophées guerriers, ustensiles champêtres, houlettes, ruches, trophées pastoraux, ou fleurs, colombes, amours, trophées sentimentaux.

Les coquilles, les figures, les bébés joufflus entrent pour une grande part dans l'art exquis de la fin du xvi° siècle, duquel tout ce qui n'est pas essentiellement joli ou aimable est irrévocablement banni.

Le Louis XVI est le dernier des styles français bien accusé, car nous nous dispensons de considérer comme tel (bien qu'il redevienne fort à la mode, je ne sais trop pourquoi) cette affreuse décoration lourde, dénuée de goût, hétéroclite, qui a nom style premier empire : assemblage d'éléments divers des plus indigestes.

Nous avons cherché à donner à peu près la caractéristique générale de chaque époque, il va sans dire que ce que nous venons de dire ne s'applique pas « aux étoffes seulement », mais donne surtout le résumé de chaque style.

Nous ne dirons que peu de mots des styles divers, persan, arabe, indien, etc., ce serait là nous entraîner trop loin ; bien que pourtant « la Broderie » ait été employée par les primitifs, puisque déjà la loi de Moïse prescrivait aux Juifs les ornements brodés pour les vêtements sacrés.

Les héroïnes chantées par Homère, Hélène, Circé, brodaient, et vous n'ignorez certainement pas, Mesdames, que Pénélope brodait aussi, mais elle avait ceci de particulier qu'elle « débrodait » autant et que si ses jours étaient occupés à garnir de soie de riches étoffes, ses nuits se passaient à les dégarnir, moyen que je n'ai garde de préconiser ici, vous conseillant seulement de défaire ce qui vous semblerait mal fait... Nul besoin, toutefois, d'attendre la nuit pour cela.

Toutes les matières propres à la broderie étaient employées par les anciens : le lin, le chanvre, le coton, la laine, l'or et l'argent leur servaient tour à tour ; la soie ne fut pendant longtemps employée que par les Chinois, dont vous avez admiré souvent les broderies étonnantes de composition, aveuglantes de tons... Et ces « bons Chinois » brodaient déjà trois mille ans avant notre ère...

Laissons donc, pour ne pas abuser de votre patience, les Égyptiens tisser avec le lin ou le coton leurs fleurs de lotus, leurs scarabées et leurs hiéroglyphes ; laissons les Grecs combiner leurs dessins exquis sur les étoffes athéniennes ; laissons les Arabes et les Persans tracer leurs arabesques aux capricieuses couleurs, et venons-en, si vous le voulez bien, aux Japonais dont l'influence est indéniable sur notre art décoratif actuel.

Au début, lorsqu'on vit poindre en Europe les premières œuvres japonaises, on fut étonné de leur étrangeté, de leurs couleurs violentes et de la façon tout d'abord incompréhensible pour nous dont la nature était par eux interprétée ; puis peu à peu on s'habitua, on regarda de plus près et on en vint bientôt à reconnaître que ces « faces jaunes » étaient décidément d'émérites décorateurs sachant à merveille se servir du moindre sujet pour en tirer un étonnant parti. Ils se contentent souvent de copier la nature sans surcharges d'aucune sorte ; prenant ici une branche de fleurs ou de feuillage, là un insecte ou un oiseau et posant l'un et l'autre si adroitement sur la page que les unes ont l'air d'y avoir poussé, les autres d'y avoir pris naissance. Quel que soit le sujet il est toujours décoratif et l'exécution en est toujours impeccable ; les moyens employés sont toujours simples ; généralement c'est un trait bien tracé, accentué juste à l'endroit voulu et rempli d'une teinte plate. Lorsqu'il s'agit de trouver des sujets fantaisistes, le Japonais a une surprenante imagination, et de la façon la plus originale, la plus bizarre, il excelle à créer des monstres ébouriffants, hippogriphes, dragons, que sais-je.

Les artistes virent rapidement le parti qu'il y avait à tirer d'une étude des œuvres japonaises, et maints d'entre eux habituèrent leur crayon et leur pinceau à « japoniser » de leur mieux ; petit à petit on vit les compositions décoratives se modifier, et maintes d'entre elles ne furent, en somme, que du japonais traité à la française.

D'aucuns s'imaginèrent de mitiger « le japonais » par de l'égyptien, de l'indien, du primitif, du moyen âge, et firent ainsi de l'art « hétéroclite » point du tout désagréable à voir, ne manquant pas d'originalité... quand il était traité, s'entend, par des artistes habiles. — Or, quoi qu'on en dise, mon opinion est que notre « art nouveau » doit beaucoup à l'art japonais. Est-ce un mal ? Point du tout, et loin de moi la pensée de blâmer chez autrui ce que j'ai fait moi-même.

Et d'ailleurs, le Japonais pas plus que les autres n'a rien « inventé », si nous voulons prendre ce mot dans sa signification absolue ; il a agi comme les Égyptiens, les Grecs, les artistes de toutes les époques, qui ont fait ce que je vous disais au début : ils ont pris des éléments dans la nature, et suivant leur tempérament propre, leur caractère particulier, suivant leur imagination et leur fantaisie, ils l'ont adaptée, triturée, tortillée à leur façon et ont produit des œuvres ayant un caractère spécial.

## CHAPITRE IV

## DE LA MATIÈRE

Nous reviendrons dans la suite à « la composition d'un sujet »; pour l'instant disons quelques mots des matières *brodables* et des matières *brodantes*, deux mots d'un français risqué peut-être, mais que je maintiens à défaut d'autres.

M'est avis que toutes les étoffes, tous les tissus peuvent prêter à la broderie, de même que toutes les matières « filées » peuvent servir à broder, et je n'entends pas parler seulement des étoffes riches et des fils de soie ou d'or, mais des étoffes les plus simples, voire les plus communes, des fils les plus ordinaires.

La toile à voile et le treillis comme le tulle et la mousseline, la serge et le coutil comme le velours ou la peluche, les étoffes de laine comme les étoffes de soie, les tissus de toile comme les tissus de coton, tout prête à être ornementé par la broderie, et cette broderie pourra aussi bien être exécutée avec des fils de chanvre ou de lin, avec du coton ou de la laine, qu'avec des fils de soie, d'argent ou d'or. Tout dépend de l'usage qu'on veut faire de l'œuvre entreprise, tout dépend aussi du goût qui aura présidé à son exécution.

Il est plusieurs façons de comprendre l'emploi des uns avec les autres pour arriver à donner le plus d'effet possible, soit en se servant de matières « brodantes » rentrant dans la nature de la matière « brodable », soit en cherchant au contraire l'opposition ; soit, par exemple, en employant la soie pour broder sur un tissu de soie, la laine pour un tissu de laine, le coton pour un tissu de coton, soit en inversant la proposition et se servant d'éléments cossus pour orner une étoffe ordinaire, ce qui peut produire des effets ravissants.

laissant, par antithèse, toute la vigueur, toute la richesse à la broderie elle-même, l'étoffe de fond servant en quelque sorte de repoussoir, ce qui me paraît être son rôle; la broderie, me semble-t-il, doit rester prépondérante. L'essai contraire, c'est-à-dire la broderie avec des fils ordinaires sur une étoffe riche, serait certainement moins heureux s'il était par trop exagéré; se servir, par exemple, d'un simple fil de coton pour broder du velours de soie serait sans nul doute d'un piteux effet. Il ne faut rien exagérer et ne point dépasser le but par excès d'originalité; mais en prenant la proposition posément il y aurait, je pense, à trouver, par opposition de matières mates sur matières chatoyantes, des effets inattendus. Supposons, par exemple, que votre intention soit de broder sur soie une branche de fleurs ou son feuillage, supposons une touffe de capucines entourée de ses feuilles rondes ou une poussée d'iris émergeant d'un faisceau de ses feuilles pointues, il est évident que dans les deux cas (et presque toujours quand il s'agit de la flore) les fleurs ont une vigueur de ton, une carnation, un velouté dont les feuilles sont dénuées; presque toujours les premières sont brillantes, les secondes restent mates; eh bien! broder les fleurs avec des soies brillantes et les feuilles avec des matières d'aspect plus terne, quelles qu'en soient les nuances, serait, en somme, employer un moyen logique, rationnel; ne pensez-vous pas avec moi, Mesdames, que vous vous rapprocheriez plus de la nature que si vous brodiez le tout avec des soies et des ors? Je laisse ceci à vos méditations; peut-être, du reste, la chose a-t-elle été tentée déjà; je ne me pose point en inventeur, je donne toutes les idées qui me passent par la tête, quand elles me semblent pratiques, sans m'inquiéter si elles ont été exploitées déjà. Si vous variez la nature de vos fils, rien ne vous empêche de varier, au surplus, votre manière de faire, et de broder avec un certain point très fin et très terne la capucine ou l'iris, alors que le feuillage de l'une et de l'autre sera exécuté avec un point plus gros... Mais non! elle n'est pas neuve, mon idée, je m'en aperçois maintenant qu'elle est émise, et je revois maintes tapisseries faites par nos devanciers et dont parties étaient faites en gros points de laine, alors que d'autres, fleurs, oiseaux, étaient traitées au petit point, avec de la soie... N'importe, vous auriez pu en brodant oublier comme je l'ai fait en écrivant, et je vous rappelle le moyen avant que votre canevas ne soit sur le métier.

Quand on veut exécuter un objet, il est rationnel de songer à sa destination et de le traiter en conséquence ; il faut aussi choisir en conséquence son étoffe et ses fils ; de même que la forme, la dimension de cet objet pourra modifier le choix des matières ; un paravent à plusieurs feuilles supportera, par exemple, un tissu plus épais, plus lourd qu'un écran à main et que tout autre bibelot portatif ; une petite chaise volante, légère, comportera tout autre étoffe qu'un fauteuil ou un canapé. De même ferez-vous des sujets brodés avec des matières différentes s'il s'agit d'une salle à manger que s'il s'agit d'une chambre à coucher, d'un salon ou d'un cabinet de toilette.

Et là encore tout dépendra du plus ou moins de luxe de ces pièces. Quand c'est pour soi qu'on travaille, on est libre de choisir suivant ses goûts ; mais vous aimez assez, Mesdames, faire plaisir à d'autres, et pour beaucoup d'entre vous je sais que c'est une joie très grande que d'offrir un échantillon de votre savoir-faire à ceux que vous aimez. Je ne parle pas ici des pantoufles légendaires et des bonnets grecs démodés que jadis une bonne épouse, c'était classique, offrait à son époux pour le jour de sa fête ; pantoufles et bonnets grecs exécutés dans le plus grand mystère, alors que l'épouse était certaine de ne pas être surprise par l'époux...

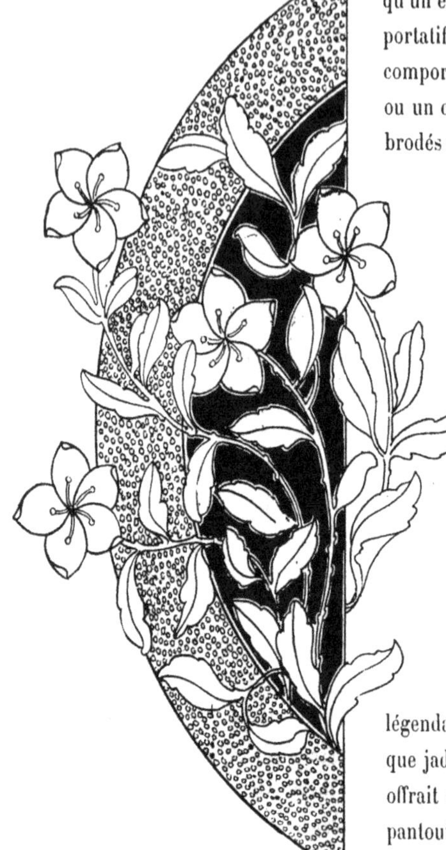

Fig. 6.

Autres temps, autres mœurs... les pantoufles brodées ne se portent plus, les bonnets grecs non plus, mais il est autre chose à offrir. Or, il s'agit de tomber juste... vous avez un tact exquis, je n'en doute pas, et vous ne ferez pas d'impair... Vous n'offrirez point un sujet

brodé avec du chanvre à la veuve d'un pendu. La plupart des bibelots brodés
sont bibelots féminins, du reste, car les broderies (sauf quand nous sommes
académiciens, et cet accident n'arrive pas à tout le monde) ne conviennent
guère à notre genre de beauté...

Je sais bien qu'il est certains petits objets, certains ustensiles de fumeur,
par exemple, qui permettent le jeté d'une fleurette, d'une initiale; mais cela est
vraiment si peu de chose... C'est donc non seulement vous qui brodez,
Mesdames, mais c'est à vous que la broderie est surtout destinée, sachets à
odeur, étuis à lorgnettes, ridicules, que sais-je?... et dans votre toilette ne
portez-vous point des plastrons brodés, des collets, des ceintures, une foule
de choses ?... là, suivant qu'il s'agira d'une toilette de ville ou d'une toilette de
soirée, vous ne serez pas embarrassées pour savoir « sur » quelle et « de » quelle
matière vous exécuterez vos broderies. J'en reviens donc aux décorations
d'appartements. Les sujets à choisir sont innombrables. Dans un salon garni
de meubles anciens, de tapisseries d'autres époques, vous n'avez point à
intervenir ; « l'antiquaire » n'aime guère que l'antiquité. Nous ne pense-
rons donc qu'à ceux qui, tout en aimant les choses de goût, ne se can-
tonnent pas uniquement dans celles d'un autre âge.

En général, pour un salon on peut choisir des étoffes riches et les broder
avec des soies, des ors.

La salle à manger (nous en reparlerons tout à l'heure) demande moins de
luxe, plus de confortable, en quelque sorte. Le drap, la panne y sont à leur
place, la laine, les matières simples conviennent mieux ici que les soies et
les ors.

Quant à la chambre à coucher, dame, c'est plus difficile... cela dépend de
l'habitant.

La chambre à coucher d'une jeune fille ne ressemble en rien à celle d'une
vieille douairière; dans la première les tulles, les mousselines, les dentelles,
les soies claires, les nuances de tons doux viennent tout naturellement à la
pensée, tandis que la seconde éveille l'idée d'étoffes foncées et de décorations
sévères.

J'ai vu dernièrement, chez des amis, un cabinet de toilette à la fois original
et charmant, entièrement tendu de coutil sur lequel, au plafond, volètent,
brodés en fil de divers tons, des oiseaux aquatiques. Les murs divisés par

panneaux comportent, brodés également sur le coutil, ici une gerbe de roseaux, là quelques nénuphars, plus loin deux iris d'eau, là-bas quelques brins de jonc; le tout traité simplement mais vigoureusement, l'effet est des plus séduisants; je vous en donne l'idée, si elle vous plaît faites-en votre profit.

Si je préconise ainsi la broderie, n'allez pas croire au moins que je veux, sous prétexte d'ornementation brodée, supprimer le décorateur. Oh! non, étant un peu de « la boutique » je serais vraiment trop niais de chercher moi-même à me décapiter. Tout d'abord, je l'ai dit au début, il serait matériellement impossible de remplacer la brosse par l'aiguille ou le crochet, la peinture décorative par la broderie idem, j'en ai dit les raisons. La broderie ne peut « qu'accompagner », donner une note différente qui doit rester discrète.

De la broderie partout serait fastidieux, ennuyeux et monotone comme un jeu de dominos où il n'y aurait que des doubles-six.

Que de temps à autre, dans certaines pièces, vous vous amusiez à mettre quelques panneaux ainsi que je viens de vous le dire, rien de mieux; mais ces panneaux n'empêcheront nullement d'avoir d'autres parties peintes; les unes feront valoir les autres. Ce que je viens de dire ne nuira donc en rien au peintre décorateur, bien au contraire; celui-ci devra intervenir même pour la broderie, car on peut être une brodeuse parfaite et être un peintre fort médiocre. Il faudra donc, la plupart du temps, qu'un artiste compose le panneau, le paravent, le dessus de piano; qu'en un mot il crée le modèle que vous n'aurez plus qu'à suivre et dont vous vous ingénierez de votre mieux à rendre tous les contours, toutes les nuances: pour ceci je me fie à votre adresse et à votre goût; vous chercherez dans vos cartons les soies, les laines ou les fils de toutes nuances et vous composerez votre palette de brodeuse comme le décorateur aura composé sa palette de peintre.

Tout ceci s'applique, on l'a vu, à des ouvrages purement décoratifs. Il est certains cas où l'emploi auquel est destiné l'objet brodé ne permet pas de semblables fantaisies, et où il ne peut franchir certaines limites. Chaque chose a ses exigences. Il est bien évident que ce qui peut se faire pour une étoffe destinée à orner seulement, ne peut se faire pour une autre d'un usage constant, lingerie de corps ou linge de table: du premier il serait indiscret de vous parler, son ornementation vous regarde seules, et mieux que moi vous savez les dentelles, les festons, les broderies qui vous siéront le mieux ; de l'autre, je m'arroge le droit de dire deux mots.

C'est depuis quelques années surtout que le luxe dans le linge de table a pris une importance capitale. Autrefois on se contentait de beau linge fin, nappes et serviettes damassées ; puis vinrent les services à thé, le « linge russe » (commencement de l'alliance, sans doute) ; puis enfin on risqua par-ci par-là quelques fantaisies brodées ; mais nappes et serviettes de dîner se prêtant peu à d'autres ornements que des chiffres et des initiales, on innova les « chemins de table » qui permettaient, eux, des fantaisies brodées (j'en ai vu de charmantes) qu'on vit paraître aussi dans les services à thé.

Ici la matière « brodable » est peu variée ; il s'agit toujours de toile, de linge plus ou moins fin, blanc pour les dîners, blanc aussi ou grisâtre ou bis pour les thés ; les matières « brodantes » sont, elles aussi, peu variées. Les nappes et les serviettes, les chemins de table et les dessous de carafes sont destinés, hélas ! à recevoir taches de vin, taches de sauce, taches de thé, taches de café et, quand bien même elles ne recevraient ni les unes ni les autres, elles devront subir de fréquentes lessives ; or la lessive est l'ennemie des couleurs et des étoffes (à moins que ce ne soient étoffes et couleurs qui soient ennemies de la lessive, ce qui est tout un). Il serait donc difficile d'innover à table d'autres tissus que le linge et il faut se borner à agrémenter celui-ci avec du fil ou du coton, dont les couleurs sont peu variées ; on choisit généralement le ton bis et le rouge qui résistent au lavage (quand la teinture est bonne) ; parfois le bleu, qui résiste moins ; rarement les autres couleurs qui ne résistent plus du tout. Vous n'aurez donc, quant aux matières à employer, point à chercher autre chose que la bonne qualité, le plus ou moins de finesse tout aussi bien du linge que des fils ou des cotons qui serviront à leur décoration ; pour ces derniers vous tâcherez, en outre, d'obtenir une « teinture garantie »... elle le sera toujours S. G. D. G., par exemple.

# CHAPITRE V

# LA FORME

La forme ! c'est-à-dire le contour extérieur et les contours intérieurs, en un mot ce qui constitue « le dessin ». Ceci dit assez son rôle et son importance.

La forme de la plupart des objets à broder varie peu, tout au moins celle des objets qu'on a l'habitude de broder ; ceci ne veut pas dire toutefois qu'on ne puisse apporter à ces formes des modifications qui les enrichissent, les « originalisent » ou les rendent plus élégantes. Prenons comme type l'éventail, par exemple, et à cet égard je remarque qu'il existe peu d'éventails brodés ; cette rareté a-t-elle une raison ?... Un éventail brodé est-il plus lourd, moins aisé à manier qu'un éventail peint ou garni de dentelles ?... Les reliefs de la broderie l'empêcheraient-ils de s'ouvrir et de se fermer aisément ; ne pourriez-vous « jouer de l'éventail brodé », comme vous jouez d'un éventail en plumes ou en dentelles ?... Grave question à laquelle vous seules pourrez répondre, Mesdames, vous qui les maniez si gracieusement ; quant à moi, profane, la chose me paraît possible, et je crois qu'il serait d'un effet agréable d'user de la broderie pour la décoration de cet élégant et remuant objet ; on pourrait, si c'est une question de poids, se contenter d'une broderie légère, faite avec des substances légères et, si c'est une question d'épaisseur, y exécuter une broderie ayant peu de relief ; qu'en pensez-vous ?... Si mon idée est mauvaise, n'en tenez nul compte ; si elle n'est point neuve, souriez et excusez mon ignorance. Au reste, ce n'est pas tout à fait de cela qu'il s'agit ici, mais bien de la forme « de l'objet ». Or, ne trouvez-vous pas que cette

forme demi-ronde, éternellement demi-ronde, finit par devenir monotone?
d'autres que moi ont eu la même pensée et ont tenté dernièrement de faire
une exposition qui, il faut l'avouer, n'a rien amené de bien original, mais
où on espérait voir naître quelques idées nouvelles.

Je sais bien que vous êtes habituées à cette forme contre laquelle je
bataille; je sais que vous trouvez cela très pratique,
que dès le jeune âge vous avez été habituées à
faire froufrouter cela avec une désinvol-
ture (parfois... pardonnez, une...
impertinence) de haut goût,
mais cela n'est pas
une raison

suffisante et
laissez-moi vous dire
qu'il y a bien là un peu de
Fig. 7.    routine de votre part... Or donc,
cherchons d'autres contours que
ceux employés jusqu'ici; je crois qu'avec un peu
de bonne volonté on arriverait aisément à en trouver de
tout aussi pratiques sans qu'ils cessent d'être aussi élégants.

Gardez, si vous voulez, le principe de la tournure actuelle et même
celui de la monture aisée à faire jouer, mais extérieurement cherchez à découper capricieusement vos contours soit, par exemple, en rejetant d'un côté
(celui qui sert à éventer) le gros du dessin et en même temps la forme
dominante, et atténuez le reste.

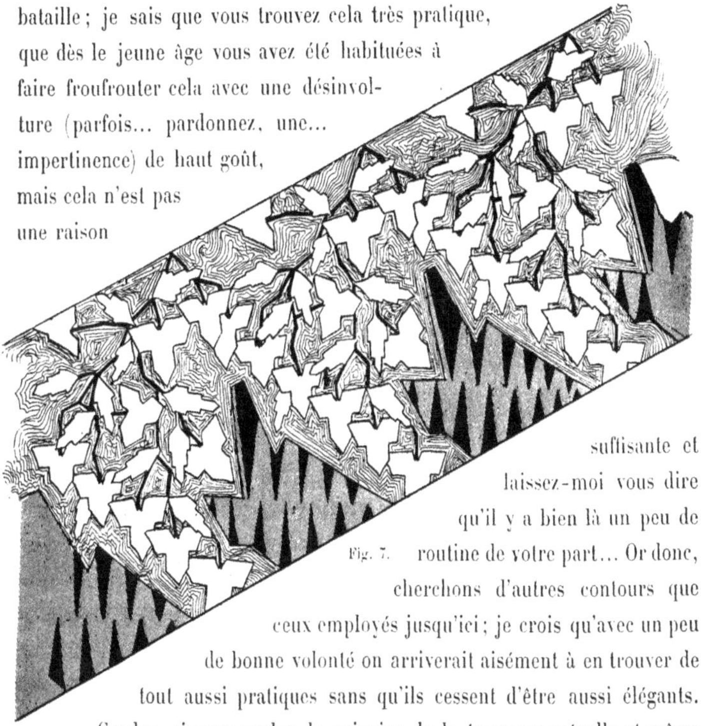

Quelle raison ferait-on valoir pour empêcher la ligne extérieure de l'éventail de se découper « suivant celle du dessin décoratif, broderie ou peinture »,
ou contrairement à cette décoration (l'un et l'autre pouvant également bien
faire). Ces deux propositions, en admettant qu'elles ne vous agréent pas,

auront peut-être l'avantage d'en faire naître d'autres dont vous pourrez essayer l'exécution.

Il est des objets dont la forme est presque rigoureuse étant donné que ces objets sont faits dans un but, tels par exemple le dessus de piano dont la coupe doit être « à la demande » du piano ; de même les couvertures de clavier, mais là encore vous pourrez, extérieurement, trouver autre chose que la ligne droite.

Quant aux paravents, si vous êtes bornées encore à la forme du parallélo-

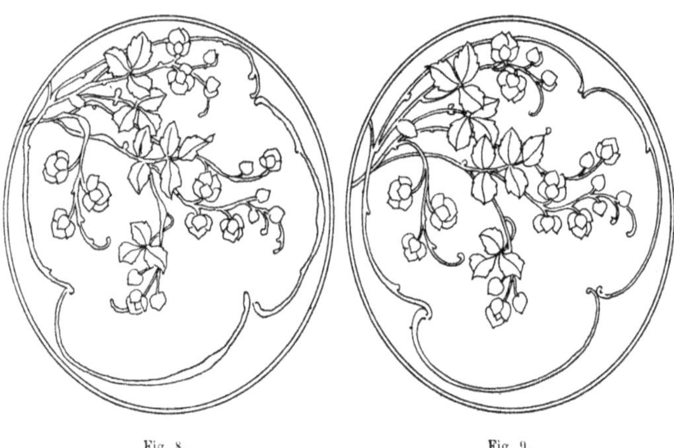

Fig. 8.          Fig. 9.

gramme plus ou moins allongé, admise pour ceux-ci ; vous pouvez découper les angles, onduler un peu les grands côtés, mais l'ensemble restera toujours le carré long.

Si donc les formes de ces objets eux-mêmes ne peuvent se tourmenter que dans des conditions presque nulles (au moins dans l'ensemble), vous pouvez toujours vous livrer à toutes les fantaisies quant aux encadrements que vous y tracerez ; ceux-ci, vous en êtes les maîtresses.

Les écrans à main présentent cet avantage de se plier aux formes les plus variées ; autrefois ils étaient cantonnés dans les ronds, les carrés, les ovales unis ou légèrement renflés ou encochés ; on commence à leur donner maintenant des allures différentes et là votre imagination pourra se donner libre cours.

Mon intention, rassurez-vous, n'est pas d'énumérer tous les objets que votre aiguille sera apte à orner, je n'en finirais plus, et j'en ai assez dit, je crois, pour m'être fait comprendre et vous avoir amenées à quitter un peu les terrains battus pour vous donner l'envie d'en défricher d'autres.

J'en arrive à la forme dans la forme, c'est-à-dire à des indications au sujet des dessins de broderie eux-mêmes... Ici je m'interromps, car vous pourriez m'objecter que je vous ai dit, quelques pages plus haut, que la composition d'iceux était l'affaire du peintre, non la vôtre, et que vous n'aviez qu'à vous étudier à reproduire le mieux possible, avec votre aiguille, les tracés et les teintes que celui-ci aura mis avec ses pinceaux. D'accord! mais je vous

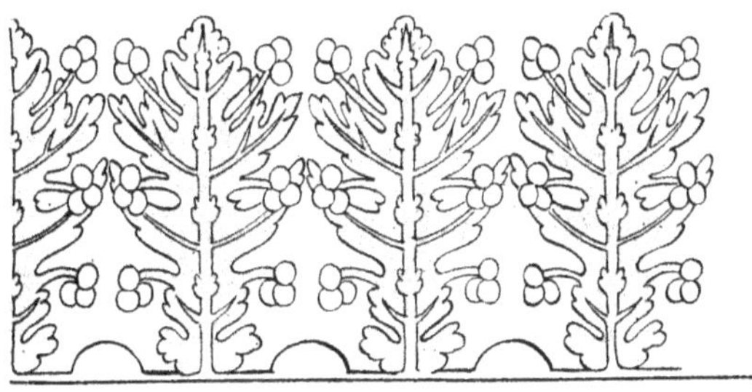

Fig. 10.

répondrai à cela que j'en sais maintes d'entre vous qui joignent à leur talent de brodeuse celui de « peintre » et que celles-ci préféreront de beaucoup exécuter un dessin de leur cru qu'un dessin du cru d'un autre ; il y a là une question d'amour-propre que non seulement je ne songerai pas à blâmer, mais qu'au contraire j'approuve de toutes mes forces; puis, outre ce sentiment d'amour-propre, il y a la satisfaction qu'on éprouve toujours à être « auteur »; enfin il est évident que vous comprendrez et interpréterez beaucoup mieux et beaucoup plus facilement une œuvre de vous qu'une œuvre d'autrui.

Je passe même, pour faire valoir l'utilité de ce que je vais dire, sur toutes les raisons que je viens de citer et j'ajoute que, même si vous ne dessinez point du tout, même si votre ferme intention est de ne dessiner jamais (ce qui serait regrettable pour vous-mêmes), il n'est pas mauvais que vous vous rendiez compte de certaines lois quand ce ne serait que pour juger les dessins d'un autre et vous aider à choisir parmi les modèles qu'on vous soumettra ceux qui seront les mieux compris.

Et tout d'abord il faudra que les contours d'un dessin s'agencent bien avec la forme de l'objet à orner soit par symétrie, soit par assymétrie ; telle com-

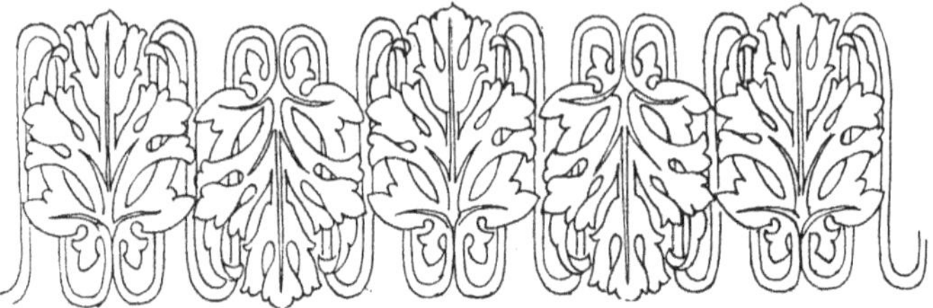

Fig. 11.

position fera très bien dans un carré qui serait écrasée dans une forme ronde, telle autre sera tout à fait à sa place dans un rond qui serait disgracieuse dans un carré : en général (je ne dis pas toujours) il faut contrarier les deux, c'est-à-dire choisir des lignes droites pour orner un contour arrondi et des courbes pour un contour aux formes rigides ; j'ai dit « pas toujours » : dans certains cas, en effet, la ligne droite « voulue » renfermée dans des lignes droites (fig. 5, 7), la courbe « voulue » renfermée dans des courbes font bien, mais il faut qu'on sente bien le parti pris, le « voulu » comme je disais (fig. 9).

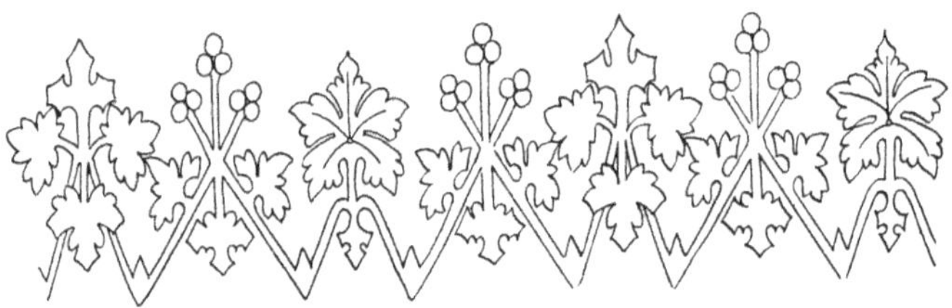

Fig. 12.

Néanmoins, prenez comme principe qu'une ligne tourmentée fait ordinairement valoir une ligne rigide et *vice versa* et non seulement dans un ensemble mais dans les détails mêmes, c'est-à-dire que je ne comprends pas seulement, par exemple, que dans un cercle vous placiez de préférence un dessin fait de lignes droites, mais encore que les lignes composant ce

dessin soient coupées de courbes et de droites... N'exagérons rien, toutefois,
et ici encore j'ajoute qu'un dessin peut être parfait composé seulement de
droites et parfait composé seulement de courbes (fig. 6). Prenons des exemples :
l'ornement appelé « une grecque » n'est fait que de droites et il fait bien ;
le « feston » n'est fait que de courbes et il fait bien aussi ; mais ne mettre
que festons ou grecques ou leurs équivalences dans une composition mena-
cerait de devenir monotone. En tout cas, si vous vous serviez de courbes
enlaçant d'autres courbes (ou de droites s'agençant avec d'autres droites),
il faut toujours veiller à ce que les unes et les autres se contrarient, se
croisent ou se suivent méthodiquement ; deux lignes suivant *à peu près* la
même direction à intervalles inégaux sembleraient défectueuses (fig. 8), il

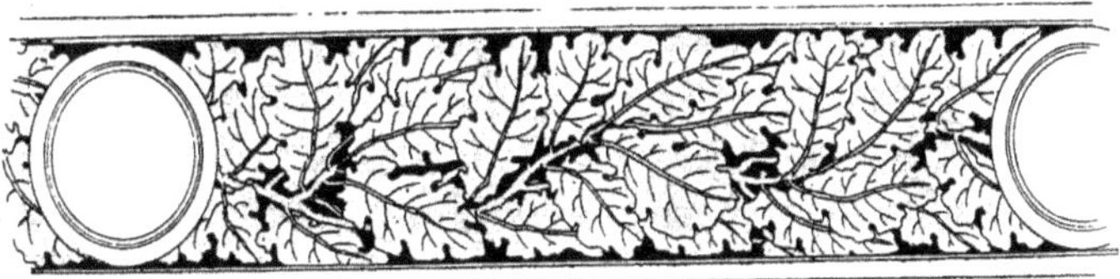

Fig. 13.

faut accuser franchement l'écartement régulier ou gradué des unes ou des
autres (fig. 9). Donc, pour en finir, cherchez toujours l'harmonie dans la
régularité ou l'opposition dans l'irrégularité harmonieuse. Mêmes règles
devront être suivies pour les bords du dessin ou la forme extérieure de celui-
ci par rapport à la forme dans laquelle il sera enserré.

Ce que nous venons de dire s'applique, bien entendu, aux ornements surtout, bien que, même dans les sujets pittoresques, — j'appelle ainsi par exemple
une branche de fleurs, un vol d'oiseau pris au naturel, — la même observance
soit de rigueur ; du reste si vous reproduisez la nature, elle ne vous donnera
pas de mauvais exemples. Disons quelques mots des divers moyens de
trouver des formes harmonieuses pour des ornements [1]. Celui employé le plus
souvent est la répétition régulière d'un seul ou plusieurs motifs se juxtaposant à intervalles réguliers ou se touchant (fig. 1, 4, 10, 11). Ces motifs

[1] *La Plante*. Laurens, éditeur.

peuvent être très simples, très courts, ou alors compliqués et très longs (fig. 4). Lorsqu'on compose une frise devant se déployer sur une certaine étendue, la répétition est presque forcée. Dans le papier peint, les étoffes à dessins, cette répétition se fait dans les deux sens; tout le talent du compositeur est d'éviter que les raccords sautent aux yeux (fig. 3).

Il y a encore la répétition alternée faite de plusieurs sujets se répétant tour à tour (fig. 12).

Si vous vous plaisez à couper par endroits un motif répété par un autre

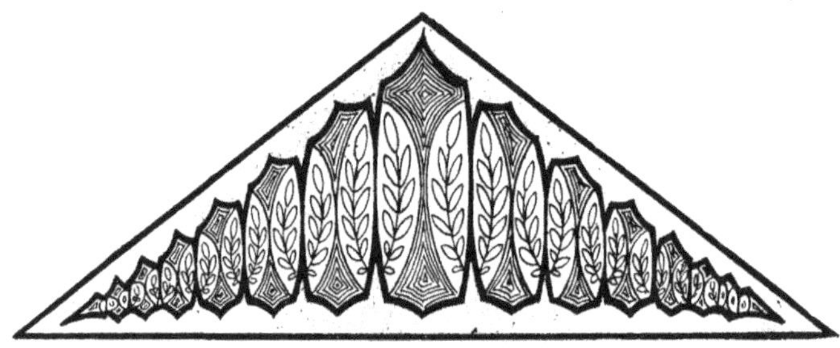

Fig. 14.

motif revenant de place en place, mettons par exemple un tore de chêne coupé de place en place par un médaillon, ce moyen décoratif s'appellera *intersécance* (fig. 13).

Enfin il y a l'ornement progressif, celui qui, pareil de forme, ne l'est pas de grandeur, motif répété propre à être posé dans un triangle, par exemple, ou dans un écoinson (fig. 14 et 15).

Sauf pour ce que nous venons de dire quant aux répétitions diversement comprises et qui donnent toujours une régularité par cette répétition même, le principe des lignes est toujours pareil même pour les dessins irréguliers ; toujours il faut faire en sorte que leur réunion amène une forme gracieuse, élégante ; que vous ameniez cette forme à être aussi bizarre que vous le voudrez, aussi originale que vous le pourrez ; il ne faut pas qu'elle soit maladroite, bossue ou bancale.

Il est une chose très importante à considérer : la proportion dans les formes. Si vous faites une chose nature, vous serez guidé sûrement; vous ne mettrez pas un bouton de rose plus gros que la rose elle-même, une libellule plus grande qu'un roseau (je donne l'exemple sans préoccupation de la perspective qui peut modifier les grandeurs au point de diminuer dans des proportions singulières telle chose aux dépens de telle autre) ; mon exemple, qui doit servir seulement à faciliter mon explication, est supposé pris sur des sujets placés au même plan ou à peu près.

Je vous disais donc que les proportions doivent toujours être bien calculées de façon à ce que l'œuvre soit pondérée.

Dans une composition, il y a toujours tel ou tel motif qui est motif principal, c'est d'après celui-là qu'il faudra calculer les proportions de tous les autres. Dans tel dessin, à répétition ou non, le plus ou moins de grandeur

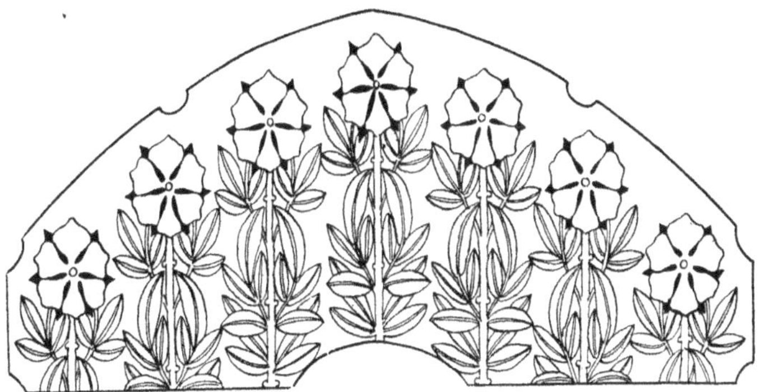

Fig. 15.

d'un des éléments peut allégir ou alourdir étonnamment un ensemble. Vous indiquer une règle absolue est chose difficile, sinon impossible, et vous donnerais-je des exemples en quantité que cela ne vous servirait que pour les exemples eux-mêmes et non pour ce que voulez faire par la suite. Il y a donc là une question de tact, de sensation souvent inexplicable même pour celui qui les ressent. Que de fois n'avez-vous pas, en considérant une œuvre, trouvé que telle chose était lourde,... manque de proportions ; que telle autre était mièvre, ... manque de proportions encore.

En tout ceci j'entends parler aussi bien des sujets eux-mêmes que des proportions de ceux-ci par rapport à leur « contenant ». Si vous placez des motifs massifs sur un objet léger ou des motifs maigres sur une chose massive, vous ferez fausse route dans les deux cas et les formes de votre ornementation détruiront celles de l'objet décoré, alors qu'au contraire l'une devrait faire valoir l'autre.

Si vous y regardez de très près, si vous attachez à vos contours l'importance capitale qu'ils doivent avoir, vous serez toujours certaines de faire œuvre qui vaille et, à moins d'y mettre un coloris baroque d'un mauvais goût à faire grincer les dents les plus solides, soyez sûres que votre œuvre sera bien, quelque simple que soit le coloris celui-ci même fût-il d'un ton unique, ce qui, entre nous, fait souvent fort bien ; cela vous prouvera une fois de plus que c'est à la forme d'abord qu'il faut songer.

# CHAPITRE VI

# LA COULEUR

Ce que nous venons de dire à propos des « formes » ne signifie pas pourtant que, ces formes une fois trouvées, il faut traiter le coloris à la légère. Si le dessin a une importance capitale, de jolies nuances ont aussi leur charme et peuvent même parfois faire excuser des défectuosités de dessin. Comment faut-il procéder pour trouver un coloris harmonieux ?... Quelles sont les règles imposées pour le choix de couleurs ?... A ceci il est impossible de répondre d'une façon absolue ; c'est avant tout le bon goût, le sentiment, qui doivent guider ici. Telles personnes ont le « sentiment de la couleur », alors que telles autres ne le possèdent pas. Vingt fois, cent fois vous avez entendu dire : « Un tel est coloriste. » Et même parmi les maîtres célèbres certains se distinguaient par une vigueur de coloration alors que certains autres s'imposaient surtout par l'impeccabilité dans la ligne ; E. Delacroix et Ingres pour ne citer que ces deux-là. Le premier avait une palette d'une surprenante richesse, c'était un coloriste merveilleux alors que le second était un merveilleux dessinateur, mais point coloriste du tout. E. Delacroix fait vibrer par la richesse inouïe de ses colorations, Ingres force l'admiration par la perfection de son dessin. D'aucuns ont l'œil fait pour voir surtout les couleurs, d'autres pour saisir les lignes. Ceci ne veut pas dire, toutefois, que la « couleur » ne demande par une éducation tout comme le dessin et que, lorsqu'on n'est pas né avec le « don du coloris », on ne puisse arriver à devenir coloriste... Ce serait désespérant... Non ! rassurez-vous, parmi ceux qui aujourd'hui savent à merveille jouer des jaunes, des rouges des bleus et de tous leurs dérivés, il en est beaucoup qui y sont arrivés à force d'études, à force d'exercices, à force de contraindre leurs yeux à « voir ».

Dans plusieurs brochures [1] j'ai eu occasion de parler de la loi des complémentaires qu'il est, en tout cas, utile de connaître bien qu'il ne faille pas s'en tenir seulement à leur application pour chercher des tons se faisant valoir

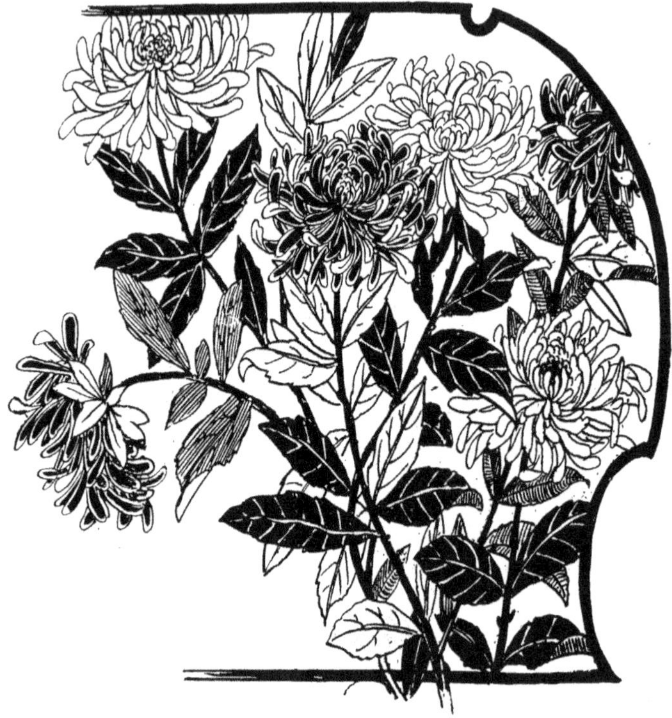

Fig. 16.

entre eux ; il deviendrait même monotone, ennuyeux de ne s'en tenir que là, et de poser toujours un vert à côté d'un rouge, un orangé à côté d'un bleu et un jaune à côté d'un violet sous prétexte que chacun de ces tons fait vibrer l'autre, l'un étant complémentaire de l'autre. Ce serait rester « vieux jeu » et

[1] *L'Art de peindre à l'aquarelle. — L'Art de composer et de peindre l'éventail, l'écran, le paravent.* Laurens, éditeur.

il ne faut pas ne suivre que les errements ; ils sont bons à connaître, je le
répète, bons à employer parfois, discrètement ; il faut agir vis-à-vis d'eux
comme avec ce qu'on nomme les remèdes de « bonne femme » dont on

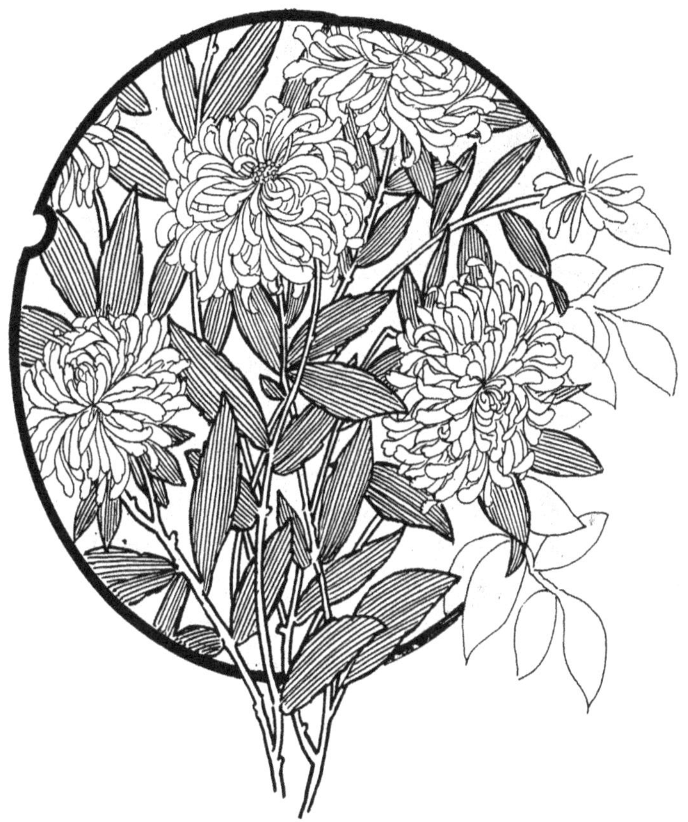

Fig. 17.

sourit souvent, mais dont on se sert néanmoins dans bien des cas et qui, ma
foi, produisent fort bien leur petit effet. Onguents, cataplasmes et complémentaires sont des choses qu'on peut toujours avoir dans son tiroir, si elles
ne font pas de bien elles font rarement de mal. Celles d'entre vous, Mesdames, qui ne connaîtriez point les dernières et que leur « histoire » intéres-

serait, la trouveront racontée dans les volumes dont je parlais tout à l'heure ;
je ne puis recommencer ici et parler « complémentaires » chaque fois que
j'ai occasion de parler « couleurs ». Ce serait abusif.

On pourrait presque sous la rubrique « coloris » faire plusieurs subdivi-
sions : le coloris brillant, riche de tons ; le coloris assourdi, tranquille de
nuances ; le coloris de tons restant dans la même note (fig. 16, 17, 18).

Par le premier j'entendrais celui où les rouges, les jaunes, les bleus, ou
d'autres couleurs à votre choix, brilleraient de tout leur éclat, résultat obtenu,
bien entendu non par la richesse de la couleur elle-même, mais par les tons
à côté, les fonds et les avoisinants, qui sauraient les faire valoir et leur
donner cet éclat. Car, dites-vous bien qu'une couleur n'est pas belle, une fois
employée, parce qu'elle est d'un beau ton, mais bien parce que ce qui l'entoure
la fait vibrer ; il vous sera facile de vous faire à vous-mêmes la preuve de ce
que j'avance. Prenez le plus beau rouge, le bleu le plus éclatant ou le jaune
le plus lumineux, posez des touches des uns et des autres sur des feuilles de
papier blanc... voilà qui est fait ? Bien ! sur une des feuilles entourez chacun
de vos tons d'un ton autre que vous choisiriez. Changez chaque fois ce ton
sur chacune de vos feuilles et vous verrez qu'ici votre rouge, votre bleu ou
votre jaune brillera étonnamment tandis que là tel ton sera terni, tué par le
voisinage... Eh !... à quoi bon vous dire tout cela ! Ne savez-vous pas mieux
que moi ce qui peut faire valoir telle ou telle nuance ?.. Ne faites-vous
pas sur vous-mêmes et tous les jours l'application de ce principe ? Suivant
votre teint, suivant la couleur de vos cheveux ne mettez-vous pas un chapeau
enrubanné ou fleuri de telles nuances et pour faire valoir ce chapeau qui
vous sied à ravir ne choisissez-vous pas et à coup sûr telle robe, que vous savez
fort bien le faire valoir ?... Alors ?... alors, tout ce que je vous dirai ne
servira à rien, on n'apprend pas à former des lettres à qui sait écrire correctement ; je me borne donc à ajouter qu'il faut tout bonnement faire
pour vos œuvres décoratives ce que vous faites journellement pour votre
toilette. Vous savez très bien que parfois c'est un ton neutre ou très doux
qui exalte tel ton et que c'est parfois un ton très coloré et très violent
qui produit ce phénomène ! Vous savez très bien que (je retombe dans les
complémentaires) si le jaune exalte le violet, ce rôle n'appartient pas au
jaune seulement. Vous savez tout autant que, si vous pouvez augmenter par un

adroit accompagnement le brillant d'une couleur, vous pouvez tout aussi facilement et par le même moyen inversement employé produire le résultat opposé.

Des tons se faisant valoir les uns les autres, des tons atténuant ou « démolissant » leurs voisins, nous pourrions en citer ; mais, outre que la nomenclature en serait ou trop longue ou trop incomplète, elle ne serait pas suffisamment claire sans l'aide de la palette, car si je vous dis : bleu ; si je vous parle de gris, encore faut-il savoir de quel bleu, de quel gris j'entends parler ; or la gamme de l'un et de l'autre, les variétés de l'un et de l'autre (comme de toutes les couleurs) sont innombrables. — A tous égards je préfère donc vous laisser chercher un peu — oh dame ! ce n'est pas toujours aisé de laisser tout l'éclat, toute la splendeur à telle coloration lorsqu'on veut l'entourer de colorations autres, aussi n'est-ce qu'en faisant plusieurs essais souvent tout opposés les uns aux autres qu'on atteint le résultat désiré.

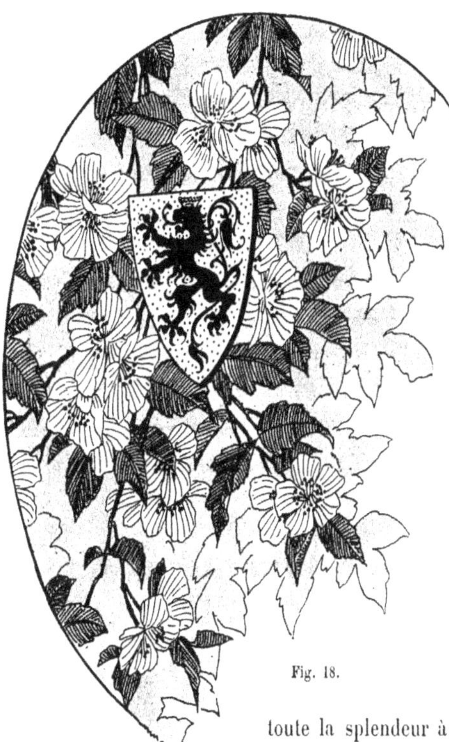

Fig. 18.

Parlons maintenant de cette autre façon de comprendre une gamme de tons et que j'appelais, au début : le coloris assourdi.

Si dans certains cas on recherche du brillant pour telle ou telle raison, par besoin d'avoir une note riche au milieu de notes éteintes, par goût personnel de l'exécutant ou du destinataire, dans d'autres cas on recherche au contraire le calme, la tranquillité dans le sujet décoratif.

Point alors de jaunes d'or, de rouges cramoisis, point de notes rutilantes luttant avec celles des émeraudes, des grenats, des topazes ou des rubis ; mais seulement des nuances assourdies donnant, dans l'ensemble, une impression d'une uniformité cherchée, voulue ; là encore il faudra raisonner son œuvre de façon à ce que tous les tons restent à peu près à la même valeur, que l'un n'englobe pas tous les autres ; qu'il y ait entre eux tous une corrélation, une cohésion malgré la différence de « couleurs »... Ici, ce sont plutôt les valeurs que les couleurs proprement dites qui doivent accentuer l'uniformité, la presque monotonie recherchée. Les deux genres de coloris peuvent se marier et faire excellent ménage, c'est-à-dire que vous pouvez fort bien traiter par exemple un fond, ainsi que je viens de le dire, par tons tranquilles donnant une sensation d'uniformité (malgré, je le répète, les jeux de couleurs combinés) et sur ce fond détacher un ou des motifs éclatants de tons. Telle, par exemple, une broderie décorative dont le fond combiné d'ornements de tons éteints détacherait en son milieu ou à l'un des angles des armoiries, un chiffre, une branche de fleurs, des oiseaux, que sais-je (fig. 18).

Que vous vouliez l'un ou l'autre effet, que vous recherchiez l'éclat du coloris ou sa douceur, il vous faut toujours et en tout cas vous préoccuper des nuances accompagnant d'autres nuances ; seulement, dans le dernier cas, vous chercherez des « calmants » non des « excitants ».

Le coloris par tons restant dans la même note est moins difficile à combiner bien qu'il demande aussi une certaine recherche ; je n'entends pas parler ici du « camaïeu », qui n'est plus alors qu'une question de « valeurs » seulement, car une fois le ton local trouvé il n'y a plus qu'à procéder par gradations, prenant le ton pur comme note foncée et arrivant jusqu'au blanc en passant par toutes les gradations.

Le coloris de tons restant dans la même note diffère du camaïeu en ce qu'il comporte des nuances différentes bien que de même famille : par exemple un dessin composé de plusieurs bleus, de mauves, de gris bleutés ou violacés ; un autre combiné avec les rouges, les roses, le saumon, etc. : il faut là encore trouver la note dominante dans les clairs ou dans les foncés et la faire valoir par les teintes voisines ou bien se tenir, si on le préfère, dans une uniformité voulue dans le même esprit que ce que je disais tout à l'heure quant aux tons éteints ; en ce cas le même principe est à suivre.

Bien des couleurs ne semblent pas de prime abord pouvoir voyager de concert et pourtant, en les combinant, on peut trouver des coloris très harmonieux, très doux de tons : tels par exemple les violets et les bleus, les bleus et les verts, les violets et les rouges, etc. ; du reste, la plus grande latitude est laissée ; on peut tout essayer : les choses les moins faites, en apparence, pour être juxtaposées peuvent produire un effet intense, harmonieux, très doux ou très original, si elles sont placées avec adresse ; on obtient souvent par le heurt de plusieurs tons des effets tout à fait inattendus et parfois très séduisants. Essayez donc de toute coloration sans vous baser sur aucune règle autre que le bon goût. Si vous évitez le commun et le banal, votre œuvre sera bien, quoi qu'on dise.

# CHAPITRE VII

# LA PLANTE ET SES APPLICATIONS
## DÉCORATIVES

Dans un des chapitres précédents et à propos de « la forme » nous nous sommes entretenus quelque peu déjà de certain procédé usité en décoration : la répétition, diversement comprise d'un ou de plusieurs motifs, transformés par ce moyen en un ensemble sous forme de frises, par exemple, etc. Cette répétition peut se faire non seulement dans un sens, c'est-à-dire en juxtaposant le ou les motifs régulièrement sur la longueur ; mais dans les deux sens pour obtenir alors une surface illimitée, jeux de fonds, semis, etc.

Ce procédé a été employé pour des étoffes, du papier peint avec des éléments pris au naturel, fleurs, oiseaux, etc., il l'a été aussi (et le sera toujours) avec des motifs naturels transformés en motifs ornementaux[1] (fig. 19). C'est, du reste, là la base de l'art décoratif. Il n'est pas, bien entendu, que la répétition : on peut composer (il le faut même sous peine d'être monotone) des sujets ornementaux où la répétition n'ait rien à voir, sujets qui seront symétriques, sujets de milieu, par exemple, qui, coupés par une ligne médiane, présenteront le même motif renversé à droite qu'à gauche (fig. 20, 21, 22) ou sujets *asymétriques* en tant que renversement de motifs, mais ornementaux néanmoins, vu les formes données aux éléments les composant.

[1] Beaucoup de nos lectrices reconnaitront certainement cette planche déjà publiée dans le *Modèle*. Nous avons, en effet, entrepris dans ce périodique une série de compositions d'après la fleur où nous mettons en pratique l'idée que nous donnons ici, c'est-à-dire « après avoir étudié une fleur dans la nature, l'adapter à la décoration ».

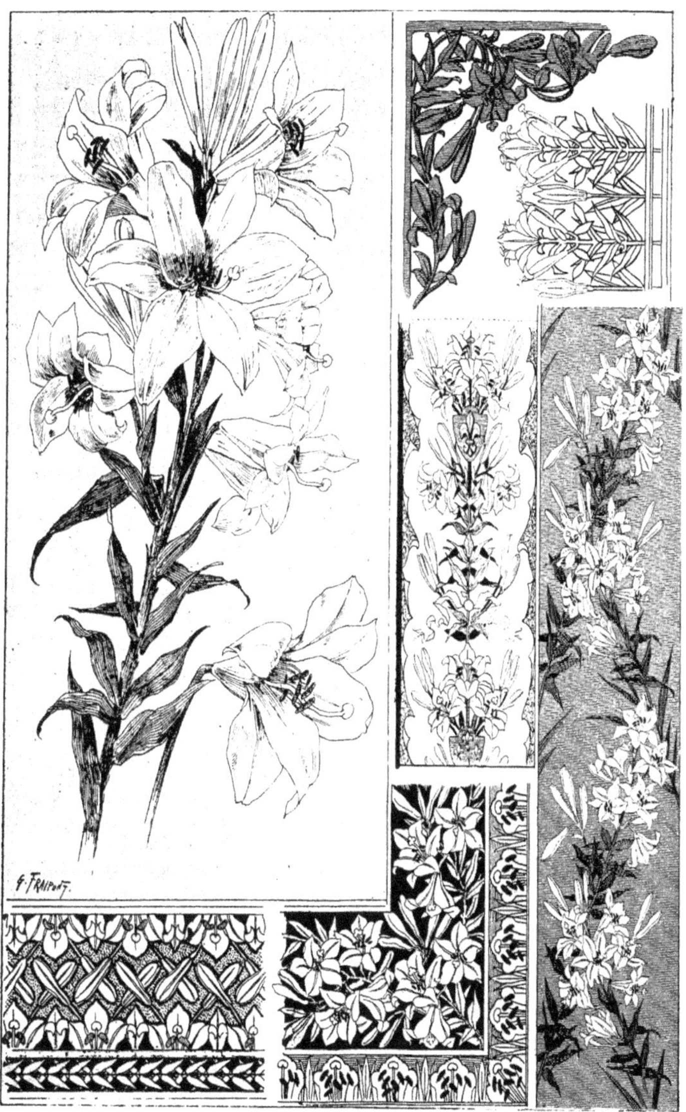

Fig. 19.

Voyons un peu les différentes manières de s'y prendre pour composer ainsi des ornements : je vous donne le moyen qui me paraît le plus pratique, celui que j'emploie moi-même ; d'autres procèdent peut-être d'une autre façon, à leur sens tout aussi pratique... Ceci n'a point d'importance, la fin justifie les moyens : je vous indique le but à atteindre, une route pour y arriver ; libre à vous, si vous trouvez un sentier qui vous le raccourcisse, de le prendre sans vous préoccuper autrement de mon « poteau indicateur ».

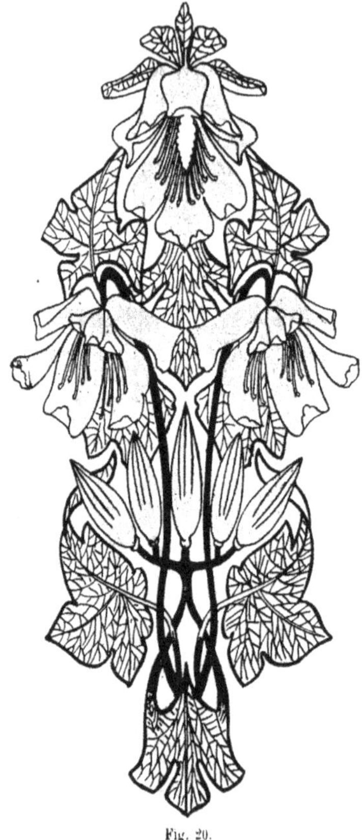
Fig. 20.

Voici donc la marche à suivre que je crois bon de vous indiquer. Nous prenons la plante, fleurs, feuillages, comme sujet à ornementer, jugeant que c'est surtout elle qui est la base de la décoration ; en tout cas, qu'il s'agisse d'elle ou de tout autre élément, le procédé reste le même.

J'ai à faire une composition dont la teneur m'est indiquée ou que j'ai choisie moi-même ; je veux que ce soit l'œillet, par exemple, qui en forme la base. Je me procure des œillets, sur tiges garnies de fleurs, de feuilles, de boutons, et, bien consciencieusement, naïvement, sans me préoccuper d'effets, d'arrangements ou d'autres « à côtés », je reproduis ma tige ainsi garnie de son feuillage et de ses fleurs, par un dessin très soigné, très serré, où je n'omets aucun détail. Cette tige, je la dessine dans plusieurs sens, toujours avec le même soin ; mais là ne se borne pas mon travail préparatoire, je veux me réserver tous les atouts dans mon jeu et profiter de tous les renseignements que m'offre mon sujet, tirer parti de tous les détails ; or, pour ce faire il me faut les connaître, ces détails, et surtout les noter.

Après avoir dessiné ma tige d'œillet dans son ensemble, ce qui me donne son allure générale, la façon dont elle se comporte, je la dissèque en quelque sorte non effectivement, mais par images. Avec un soin méticuleux je procède

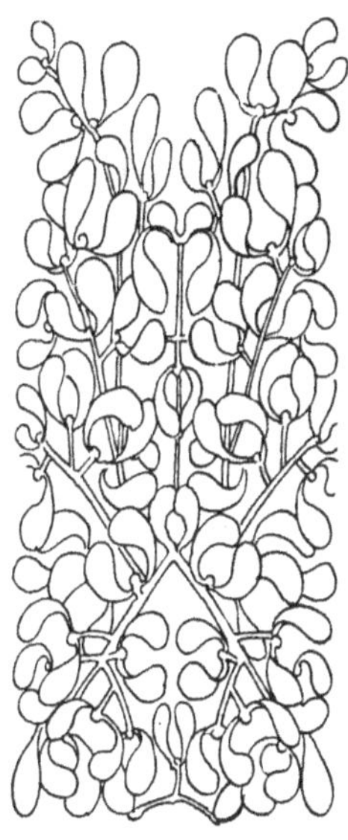

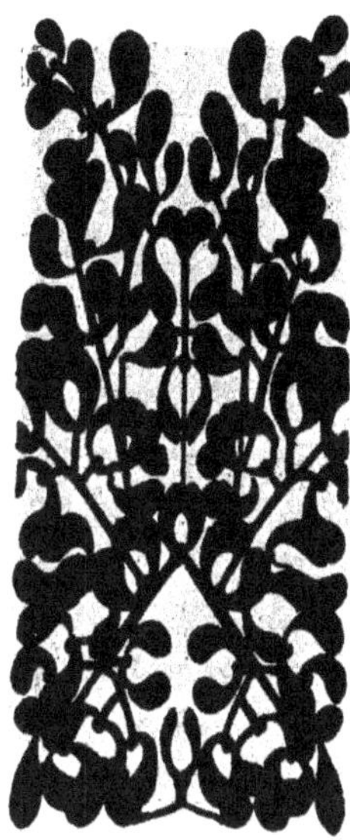

Fig. 21.     Fig. 22.

à l'étude des détails. Je dessine une fleur dans tous les sens, j'indique bien la forme de ses pétales, la façon exacte dont ils s'attachent, la tenue des pistils, le dessin de la corolle, etc. Je note de même tout ce qui concerne le bouton, également tout ce qui concerne la feuille, les hiéroglyphes de ses nervures, ses contournements, ses découpures, puis j'étudie les attaches : attaches de la fleur sur la tige, attaches du bouton, attaches des feuilles, attaches des tiges secondaires sur les tiges principales. Je tâche de ne rien omettre et cela a grande importance car, en dehors des formes proprement dites, formes de fleurs et formes de feuilles, il est maintes particularités qui accusent le caractère d'une plante.

Vous le voyez, je ne me suis, dans ma récolte de documents, aucunement préoccupé de sa destinée à venir; je n'ai nullement songé à l'ornement auquel ce document devait donner naissance; je me suis contenté purement et simplement, soigneusement et consciencieusement de reproduire tel quel le modèle que m'offrait la nature; j'ai fait ici un travail de dessinateur, de copiste, nullement œuvre de décorateur, de compositeur; ce travail est simple, à la condition (condition *sine qua non*), par exemple, qu'on sache dessiner et rendre rigoureusement les formes du modèle, la pureté des lignes.

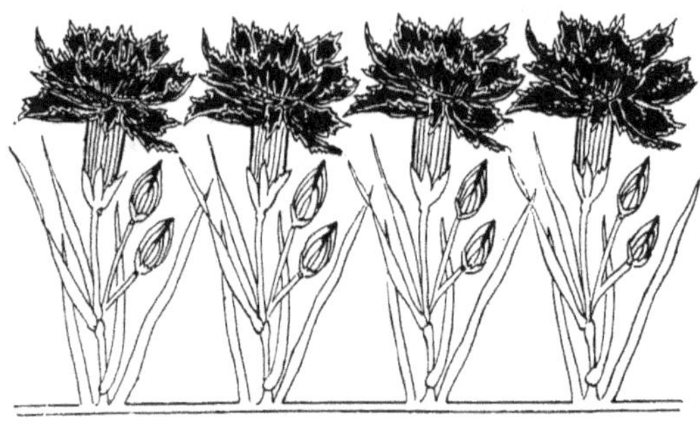

Fig. 23.

Mais maintenant l'imagination va pouvoir se donner libre cours et suivant que vous en posséderez une dose plus ou moins grande, suivant que vous saurez plus ou moins tirer parti du document préparatoire que vous venez de vous « fabriquer », vous allez pouvoir composer une page originale, intéressante — ou simplement quelconque. — En ce dernier cas vous seriez bien coupable et l'on pourrait vous accuser de vous être donné bien peu de peine car, quelle que soit la plante que vous aurez choisie, celle-ci doit vous procurer maints détails que vous devez, en cherchant un peu, pouvoir arranger, contourner, triturer pour les amener, quand même, à devenir décoratifs.

J'ai pris « l'œillet » comme exemple de fleur à appliquer décorativement; mais, lorsqu'on a l'intention de composer une page, on ne prévoit pas toujours la fleur à employer, celle-ci ne vous est pas imposée, et très souvent c'est l'inverse qui donnera prétexte à une composition : c'est en voyant certaines fleurs qu'on est tenté de les appliquer, qu'on prévoit qu'on aura à les employer, qu'on sent le parti qu'on en peut tirer; aussi est-il bon de se munir, par avance, d'autant de documents qu'on pourra. Chaque fois que vous vous trouverez en face d'une plante intéressante (intéressante au point de vue où nous nous plaçons) et que vous aurez le loisir de la dessiner, n'y manquez pas, garnissez vos albums d'études sans nombre, enrichissez-les de dessins de fleurs (fig. 2); puis, comme je vous l'ai dit déjà, le jour où vous aurez une œuvre à composer, les idées vous viendront tout naturellement en feuilletant ces albums; telle fleur fera naître telle idée, tel feuillage vous suggérera tel

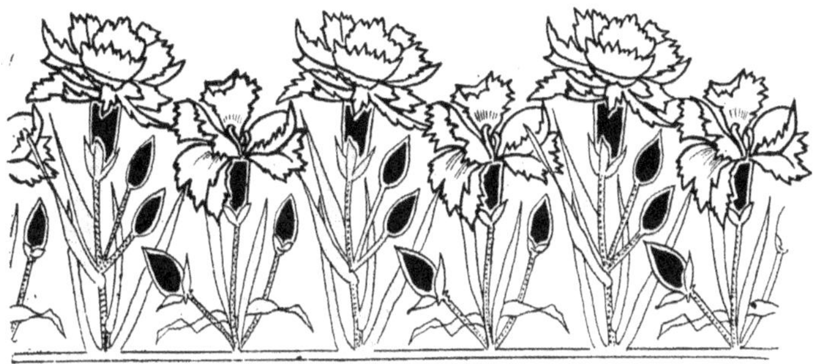

Fig. 24.

arrangement; tandis que, si vous attendez que vous ayez une composition à trouver pour vous procurer le document d'où il naîtra, vous serez souvent fort en peine de savoir à quelle fleur vous aurez recours; en admettant même que sans hésiter vous jetiez votre dévolu sur celle-ci ou sur celle-là, vous pourrez fort bien faire coïncider votre disposition à l'employer juste avec le moment où elle n'est point en fleur et ne peut, par conséquent, vous fournir les renseignements voulus.

J'ajoute, à mon mode de récolte du document, ce post-scriptum : notez, par quelques touches de couleur, les tons naturels de la plante, de la fleur, de son bouton, de ses tiges, de ses feuilles; ce renseignement est toujours bon à posséder bien que, en art décoratif, vous soyez absolument libres de mettre des couleurs tout autres, purement conventionnelles pourvu qu'elles soient harmonieuses.

Et maintenant j'en reviens à la fleur prise comme type pour aider mon explication : à l'œillet; cherchons ensemble des moyens de l'accommoder ornementalement. Je passe sur le moyen qui consiste à prendre une fleur, ou une branche, à la disposer de certaine façon (en la gardant dans son naturel), et à en combiner un ornement courant, un fond, etc., par la répétition symétrique dont j'ai parlé plus haut. C'est là un procédé d'ornementation dont on peut souvent user : quelque capricieuses que soient les silhouettes de votre branche, elle en arrivera quand même à former ainsi une ornementation régulière, par le fait même de cette redite à intervalles symétriques (fig. 23, 24).

Mais cette méthode n'est point suffisante et l'on tomberait vite dans la monotonie si on l'employait seule. Il s'agit de se servir tout autrement de la plante en la prenant comme inspirateur d'ornements proprement dits. Employons d'abord sa partie la plus simple : la feuille. La feuille de l'œillet est en forme de lance parfois restant rigide, parfois se repliant et parfois s'enroulant, et profitons des trois positions pour en tirer des formes qui nous serviront et que nous disposerons ensuite suivant notre caprice ; nous ne tiendrons pas compte ici des modifications que des inattendus ont pu amener dans le contour normal de la feuille, telles que déchirures, taches, etc. ; nous garderons, pour notre ornement, la feuille telle qu'elle doit être, sans tare d'aucune sorte — (dans des dessins pittoresques il faut au contraire se servir des défauts susdits). — Notre feuille ainsi traitée et transformée en motif d'ornement, nous ferons de même pour les tiges, de même pour les boutons, de même pour les fleurs. Suivant le caractère plus ou moins symétrique ou sévère qu'on veut donner à sa composition on exagère plus ou moins la régularisation des éléments de la plante. Vous pouvez tout aussi bien vous contenter parfois de tempérer le pittoresque, d'enserrer les contours fantaisistes d'une plante dans des formes régulières que vous ingénier à régulariser tous les éléments d'une plante au point d'en faire seulement des ornements, proprement dits, qui perdront presque complètement le souvenir de leur forme première pour ne garder que l'allure purement ornemanisée que vous leur avez donnée (fig. 25, 26, 27).

Il faut, par exemple, profiter de tout et rester malgré tout dans le caractère premier ; je m'explique, toujours en m'appuyant sur l'exemple choisi :

La feuille de l'œillet est longue et pointue, sans dentelures ; le bouton est allongé aussi et pointu également ; la fleur est un assemblage de pétales s'échevelant, se contournant, se tortillant, pétales très découpés, très dentelés.

Or si vous vous amusiez à arrondir la feuille, à l'élargir, à la denteler ; si vous aplatissiez le bouton ; si, au lieu de laisser aiguës les dentelures des pétales de la fleur, vous les faisiez rondes ou si vous les supprimiez tout à fait, vous retireriez évidemment ce caractère, que nous vous recommandions de conserver ; si votre intention était telle, si vous préfériez une feuille arrondie à une feuille lancéolée et des pétales de fleurs unies ou festonnées à des pétales acérés en dents de scie, il vaudrait mieux vous adresser à une autre plante que l'œillet et chercher, dans le règne végétal, ceux ou celles qui rempliront les

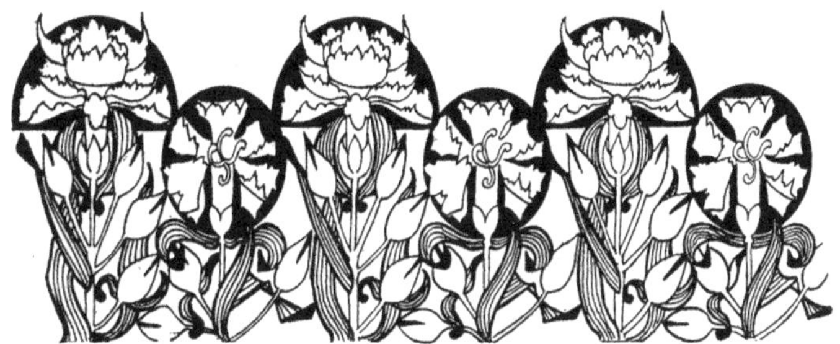

Fig. 25.

conditions voulues : vous en trouverez toujours, car toutes les formes existent, quelque singulières que vous les puissiez rêver.

En dehors des formes proprement dites, il est d'autres détails d'une plante dont on peut profiter ; nous avons dit que, pour un ornement rigide, dénué de pittoresque, on devait négliger les tares, salissures ou accrocs ; mais il n'en est pas de même pour certaines taches, pointillés, duvetés inhérents à certaines plantes. Vous avez des végétaux dont le feuillage est marbré de couleurs diverses, moucheté ou strié ; certaines espèces de bégonias, par exemple, ont des caprices de ce genre ; loin de négliger ces caprices-là, il faut au contraire en profiter et régulariser un peu, beaucoup, tout à fait lesdites marbrures, mouchetures ou stries pour en faire un nouvel élément de décoration ; de même, j'allais oublier de vous le dire, les nervures d'une feuille doivent également vous profiter (fig. 20).

Des plantes comme la bourrache, le bouillon blanc, etc., sont duvetées, poilues ; profitez de ce duvet, de ces poils, interprétez-les comme vous l'entendrez, ce sera là encore un nouveau prétexte ornemental.

La feuille de millepertuis, véritable écumoire, est percée de petits trous, d'où son nom; indiquez-les si bon vous semble.

Les chardons sont garnis d'une série d'épines, se dressant en tous sens, hérissant les tiges, les feuilles... encore un nouvel élément que la plante sauvage, mais fort belle, vous offre là... J'ai dit « sauvage » à propos du chardon; ceci m'amène tout naturellement à vous dire qu'il ne faut pas vous borner à chercher vos modèles seulement dans les plantes cultivées; il ne faut pas que les roses et les jasmins, les reines-marguerites et les pivoines, les azalées et les orchidées soient seuls à vous inspirer; certes les uns et les autres sont fort beaux, vous en pouvez tirer un parti énorme, vous inspirer aussi bien de leurs couleurs variées que de leurs formes multiples, mais croyez bien que dans les plantes qui croissent en pleins champs, dans les bois, au bord des routes vous trouverez aussi des modèles exquis. J'ai cité tantôt la bourrache et le bouillon blanc, peut-être ne connaissez-vous les deux que sous forme de tisanes excellentes et très salutaires en cas de rhume; mais, si elles gagnent ainsi des qualités médicinales fort appréciables, elles perdent en revanche, vous l'avouerez, leurs qualités décoratives... En cas de rhume prenez-les en tisane, ces jolies plantes; mais en cas de recherche décorative laissez-les sur pied et du bout de votre crayon tracez-en les silhouettes, de la pointe du pinceau indiquez-en le contour. L'une, la bourrache, outre son feuillage duveté très tourmenté, très joli de formes, porte une myriade de boutons pendillant gracieusement comme des grelots et des fleurs aux cinq pétales bleu violacé retenus au centre par un panache blanc et violet sombre d'une forme très décorative et d'une exquise coloration. L'autre, le bouillon blanc, porte haut son thyrse de fleurs jaunes emmitouflées dans des bractées veloutées d'un bleu argenté comme les boutons et la série de feuilles entourant la tige.

Je parle de ces deux plantes parce que, au courant de la plume et comme exemple, j'avais cité leurs noms; mais combien d'autres, croissant à leur fantaisie et sans culture aucune, sont jolies tout plein. Je ne veux pas vous faire un cours de botanique, ni vous nommer tous les sauvageons auxquels je pense et desquels je me suis fortement amusé à crayonner le portrait; certainement dans vos promenades champêtres vous en aurez remarqué une foule digne de vos crayons; maintes fois vous aurez cueilli coquelicots; bluets, boutons d'or, marguerites, mais il n'est pas que celles-là ; lorsque vous irez par les prés ou les bois, regardez à vos pieds, vous ne ferez pas vingt pas sans frôler, écraser peut-être, des fleurettes qu'il eût évidemment mieux valu « croquer ».

Ai-je bien fait comprendre la manière dont j'entends qu'on tire parti d'une plante ?.. J'ai fait de mon mieux pour donner la marche à suivre, j'ajouterai que les éléments à chercher dans la plante sont non seulement innombrables mais inépuisables et qu'on peut pousser plus loin encore que je ne l'ai indiqué la recherche du renseignement « inspirateur ».

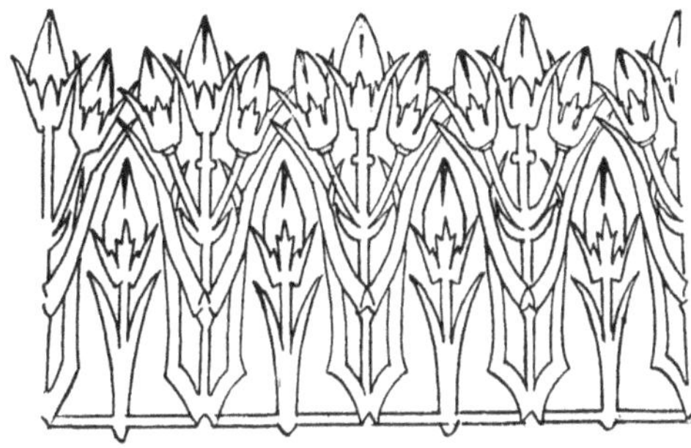

Fig. 26.

On peut faire une véritable dissection, une autopsie complète de la fleur, de la tige, du bouton ; se servir des parties internes, invisibles, aussi bien que des autres ; couper une fleur en deux pour voir ce que renferme le cœur, comment s'attachent les pistils ; couper en deux un bouton et reproduire le dessin de la coupe, trancher une tige, en dessiner les fibres ; on peut, en un mot, pousser l'amour du détail, la recherche, l'inspiration par les formes naturelles, aussi loin qu'on voudra.

Mais il ne suffit pas d'avoir su ornementaliser habilement une fleur et son bouton, une tige et sa feuille ; il ne suffit pas d'avoir su tirer parti de chaque détail d'une plante, il faut maintenant en tirer parti au point de vue de l'ensemble et trouver à agencer les uns avec les autres de façon à former un tout. S'il s'agit d'un ornement de milieu dans le genre de celui dont nous parlions plus avant, il sied « parfois » (je souligne « parfois », car ceci n'est pas une règle) de prendre une plante sur sa tige telle qu'on l'a dessinée et

« d'ornemaniser » l'ensemble, régularisant les espaces, rentrant certaines parties, en ressortant d'autres, etc., etc., pour avoir un ornement tout trouvé (fig. 23 et 24).

Parfois on peut exagérer les particularités d'une plante pour ajouter du caractère et augmenter l'effet décoratif, je pourrais même ajouter du « piquant »; car je prends encore le chardon comme exemple; celui-ci, nous l'avons dit, est hérissé de pointes acérées, tellement que je vous recommande, par sollicitude pour vos doigts, d'y aller prudemment, avec grandes précautions quand vous le cueillerez; vous aurez beau dire que c'est pour le peindre et que c'est

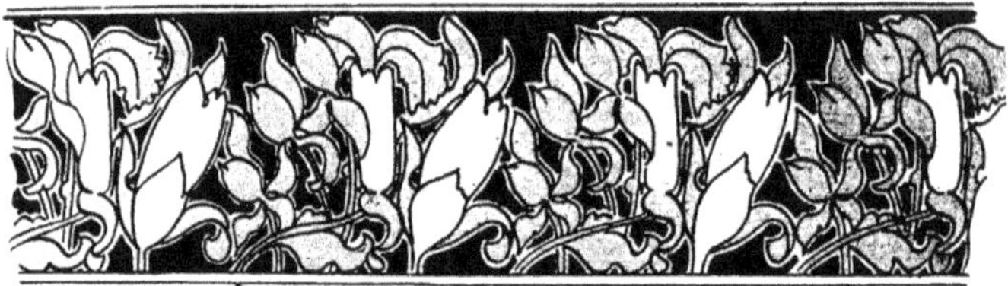

Fig. 27.

faire un grand honneur à ce vagabond que de le juger digne de vos pinceaux d'abord, de votre aiguille ensuite; il ne vous répondra pas mais se dira, dans sa jugeotte de plante sauvage, que cet honneur il s'en moque comme de sa première feuille et qu'il entend que vous le laissiez tranquillement dresser à l'aise ses épines... Mais, comme tout sauvage, il sera sensible aux bons procédés et si c'est délicatement que vous le prenez, il ne se débattra pas et ses piquants ne vous blesseront point.

Toutes ces recommandations me font perdre le fil de mon discours, n'en accusez que ma crainte de vous voir vous faire mal... Je disais donc que vous pourrez toujours exagérer les parties caractéristiques d'une plante dans un but décoratif; — or, ce qui distingue le chardon, c'est justement la tunique d'épines dont il est recouvert; — ces épines allongez-les, accusez-les, enclavez-les, croisillonnez-les sans crainte.

Prenons un exemple autre et choisissons, au hasard, une plante grimpante, le volubilis, pour rester dans les fleurs connues de tous; le volubilis est garni, comme tous les grimpants, de vrilles (de volubiles, si vous voulez le terme technique) s'enroulant autour des tiges où ils se fixent comme de vrais ressorts à boudin, forment des anneaux, des nœuds, festonnent de la façon la plus inattendue, la plus capricieuse. Ces vrilles sont, évidemment, une des caractéristiques de la plante ; profitez-en et ne redoutez pas de vous en servir pour en tracer des volutes, des rinceaux tant que cela vous fera plaisir, tant que cela siéra à votre composition.

Suivant le genre que vous voudrez traiter vous choisirez, naturellement, la plante qui y rentrera le mieux ; il est évident que si vous cherchez une ornementation où la ligne droite ou à peu près devra prédominer, c'est d'une

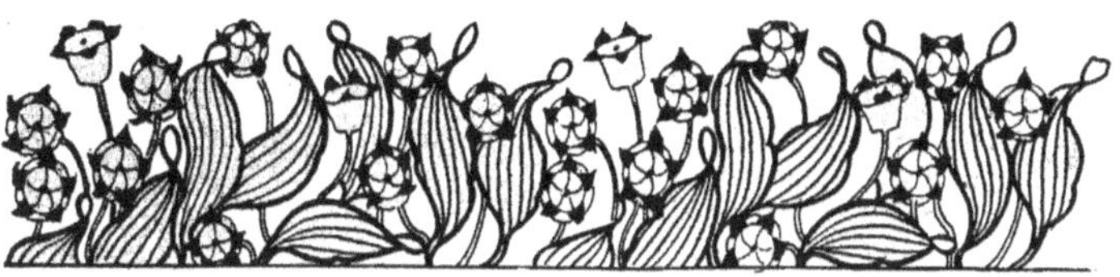

Fig. 28.

plante à tiges et feuilles rigides que vous vous inspirerez ; si vous voulez des ornements courants, sinueux, c'est une plante aux tiges capricieuses que vous prendrez (fig. 28).

Nous pouvons considérer la plante, prise comme inspiratrice de décoration, à plusieurs points de vue, soit, et c'est ce qui a fait l'objet des paragraphes précédents, en lui laissant, quelles que soient les transformations que vous lui aurez imposées, sa tenue de « plante », c'est-à-dire en agissant de telle sorte qu'on reconnaisse dans votre œillet ornemental l'œillet primordial, et c'est dans ce but que je vous disais d'en garder toujours le caractère ; soit en ne voyant dans la plante qu'une source où vous pourrez puiser sans cesse des formes et des idées nouvelles : dans ce cas, libre à vous d'oublier complètement à quelle famille, à quel genre appartient « ce » qui vous a servi de modèle ; vous cherchez un ornement, peu importe qu'il tienne de l'œillet ou de la rose pourvu que cet ornement soit joli, d'aspect nouveau, de tournure originale ; nul besoin alors de vous préoccuper de la tenue des feuilles et de celle de la tige.

Je crois, toutefois, que vous aurez moins, en procédant de la sorte, l'occasion de trouver des arrangements nouveaux ; en suivant les indications données par la plante elle-même, et elles sont nombreuses car la variété des plantes est infinie, vous aurez bien plus de facilité pour trouver des combinaisons originales que souvent telle tige capricieusement tournée, telle fleur se présentant dans une allure particulière vous feront naître tout naturellement à la pensée.

S'il n'en était pas ainsi, bien des fleurs seraient usées à ne plus pouvoir s'en servir jamais. Que de fois n'avez-vous pas vu la marguerite ou le pavot, le bluet ou le coquelicot être la base d'une ornementation, est-ce une raison pour les abandonner?... Prenez cent décorateurs, donnez-leur à chacun la même fleur, ils en tireront cent compositions différentes et chacun d'eux en trouvera même plusieurs pour peu que cela vous fasse plaisir. C'est là justement l'avantage inappréciable qu'on a à se servir de documents naturels au lieu de se servir de documents créés par d'autres ; quelque parfaits, quelque détaillés que soient ceux-ci, vous n'en tirerez jamais que des renseignements incomplets... m'est avis que des documents de ce genre doivent être considérés comme études de procédés d'arrangement non comme modèles à copier.

Je ne saurais donc trop insister pour que vous puisiez à la source même vos éléments de composition, vous serez sûres qu'ils seront « frais » et bien personnels.

Tout ce qui précède vous prouve assez qu'il serait ridicule de vous dire : prenez telle feuille puis telle autre, posez-les de telle façon, appliquez une fleur à droite, un bouton à gauche, etc., etc., et vous aurez tel ornement ; il est plus raisonnable et plus logique de vous dire : en prenant feuilles, fleurs, boutons, cherchez à agencer les uns et les autres à votre fantaisie : rappelez-vous seulement ce que je vous ai dit au début à propos des lignes courbes et des lignes droites, de la symétrie et de l'opposition, et ne vous préoccupez pas du reste. Point de règle absolue, tout est permis quand les formes sont bonnes et se font valoir mutuellement, de même que tout coloris est parfait quand les tons se font vibrer ou se marient harmonieusement. Harmonie de lignes, harmonie de tons, c'est là ce qu'il faut chercher.

# CHAPITRE VIII

## LES ANIMAUX ET LEURS APPLICATIONS DÉCORATIVES

Nous nous sommes surtout étendus, comme éléments d'ornementation, sur la plante, parce que celle-ci prétexte des motifs sans nombre, des formes si infiniment variées et des coloris si divers que, plus que tout autre sujet, elle présente des éléments précieux. Mais ceci n'implique pas qu'il faille écarter tous les autres et s'en tenir à elle seule. Il faut, au contraire, puiser partout; toute chose qui vous présentera, de façon ou d'autre, des parties ou des ensembles utilisables, devra être glanée avec soin.

En dehors du règne *végétal*, il y a le règne *animal* qui lui aussi est fécond en éléments divers.

Les animaux, employés, soit nature, soit transformés ornementalement, soit combinés entre eux pour former des hybrides : chimères, dragons, etc.,  . ont inspiré maintes décorations.

Le blason, notamment, s'est accaparé de beaucoup d'entre eux, et les a appliqués soit en *supports*, soit comme *pièces* dans les écus.

Vous avez vu maintes fois le *lion* occuper des armoiries, de même (bien que moins souvent) le sanglier, le cheval, le cerf.

Vous avez vu ces mêmes animaux et d'autres encore, transformés en figures nommées *figures chimériques* : le serpent ailé ou *amphiptère* ; le *dragon* à la tête et aux pattes d'aigle, au corps et à la queue de crocodile, aux ailes de chauve-souris ; le *griffon*, moitié aigle et moitié lion. Non seulement on combine des animaux fantastiques en prenant des éléments dans les animaux naturels, mais encore en se servant de la figure humaine. Le célèbre *centaure* dont vous avez fait connaissance dans la mythologie, a le buste d'un homme et le corps d'un cheval; le *faune*, provenant de la même source, a le corps d'un homme agrémenté de pieds et de cornes de bouc. La *sirène* est moitié femme et moitié poisson, comme le *sphinx* est femme pour le buste, chien pour le corps, lion pour les pattes; la *harpie* au buste de femme dont les bras sont devenus des ailes et qui a abandonné ses jambes pour prendre les pattes d'un aigle et aussi la queue; tous ces monstres, vous le voyez, forment des assem-

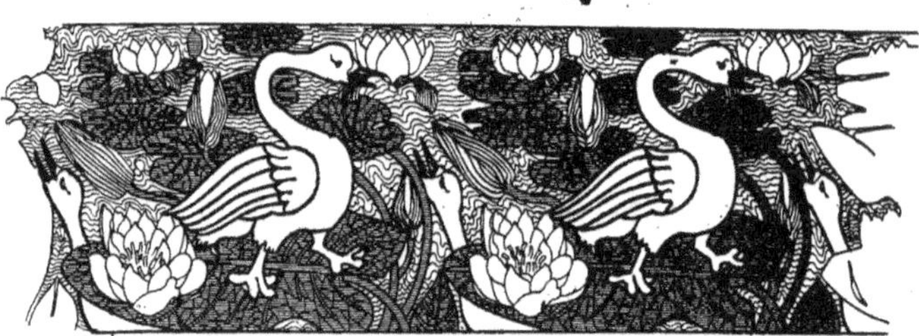

Fig. 29.

blages bizarres qui donnent naissance à des figures singulières. En appliquant ce principe on peut créer à l'infini des personnages d'allures imprévues... Ce ne sont là que combinaisons fantaisistes et, si j'ai employé le mot « créé », c'est à défaut d'autre ; on n'a jamais pu composer de toutes pièces une bête nouvelle, on n'a pu que se servir de ce qui était fait déjà pour faire autre chose, ce qui corrobore ce que je disais au début : que l'invention complète appartient à la seule nature et que, par conséquent, c'est à elle seule que nous devons demander conseil.

Cette façon de « fabriquer » des figures n'est pas le mode unique à employer pour l'ornementation et ce qui s'est fait pour la fleur peut en partie se faire pour la bête. Tout en laissant à l'animal sa forme réelle, en lui conservant les membres avec lesquels il est venu au monde, en évitant de lui infliger la décapitation ou l'amputation pour procéder ensuite au recollement ou au remembrement avec des têtes et des bras « récoltés » chez d'autres individus, en gardant, dis-je, l'ensemble nature on peut aisément rendre un animal décoratif.

Pour ce faire, il faut traiter le susdit d'une façon *ornementale*; je m'explique : après avoir dessiné le sujet « nature », aussi nettement, consciencieusement et surtout aussi correctement que possible (tout comme on le fait pour une fleur), il faudra se servir des caractères principaux parfois en les accusant, parfois en les régularisant ; il faut (toujours comme pour la fleur) profiter de tout (fig. 29).

Les poils, au lieu d'être pittoresquement indiqués comme lorsqu'on fait » nature » seront

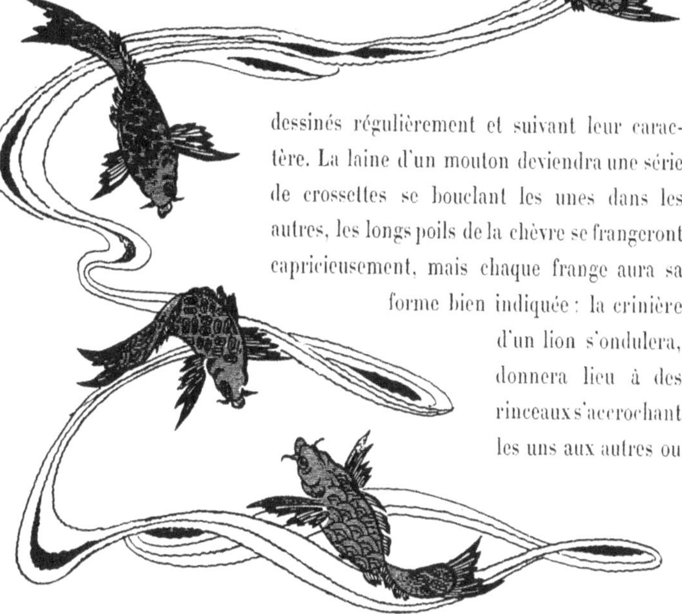

dessinés régulièrement et suivant leur caractère. La laine d'un mouton deviendra une série de crossettes se bouclant les unes dans les autres, les longs poils de la chèvre se frangeront capricieusement, mais chaque frange aura sa forme bien indiquée : la crinière d'un lion s'ondulera, donnera lieu à des rinceaux s'accrochant les uns aux autres ou

Fig. 30.

passant les uns sous les autres, en se croisant, en s'enroulant; dans maintes armoiries anciennes, dans maints vitraux d'autres époques, vous trouverez à cet égard des indications précieuses à *consulter*.

En dehors des « formes », il faut profiter aussi (manière de procéder identique à celle indiquée pour la fleur), des rayures, des taches, etc. Les mou-

8

chetures de la panthère formeront autant de rosaces dessinées et posées symétriquement ou des rosaces de formes capricieuses et de tailles différentes, mais auxquelles on donnera toujours la tenue d'un ornement ; les superbes

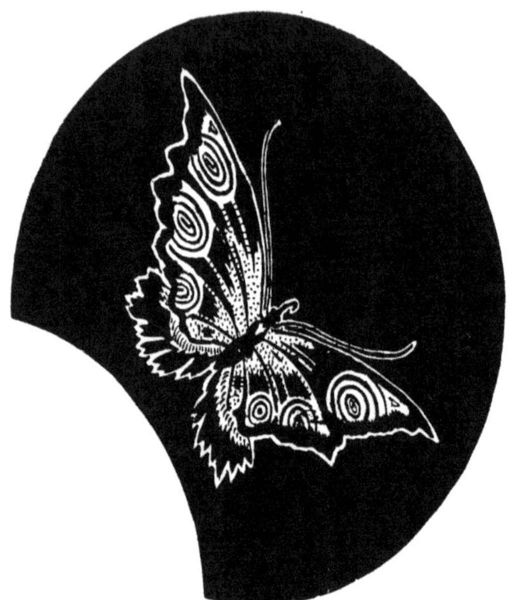

Fig. 31.

stries qui rayent la robe du tigre seront traitées de même, et ainsi pour tous les animaux qui vous serviront de modèles.

Voilà pour les « grosses bêtes ».

Pour les petits oiseaux ou poissons, insectes ou mollusques, il est superflu, je pense, d'entrer dans des détails qui allongeraient indéfiniment les présents feuillets et ne prouveraient rien de plus (fig. 30, 31).

Ce que je cherche à donner ici, c'est une méthode générale non des détails sur chacun des éléments qu'on est appelé à employer, éléments innombrables, inépuisables.

Ce que vous avez fait pour la flore, vous le ferez pour la faune ; vous vous y prendrez pour la gent ailée comme pour la gent aquatique ; le papillon vous servira, formes et couleurs, comme le scarabée, et vous pourrez vous inspirer parfois tout aussi bien d'une huître ou d'une moule que des jolis coquillages que vous ramassâtes sur les plages à l'époque des bains de mer.

Les plumes d'oiseaux, les ailes de papillon, les écailles du poisson, les stries ou piquetis des coquillages, les formes variées, parfois très étranges, des scarabées et les allures vives des abeilles ou des guêpes, voilà autant de sources précieuses de documents à fixer sur des albums et à « triturer » suivant les besoins de la cause.

Tous les jours vous frôlez « des motifs à prendre », c'est à vous à étendre la main et à les garder pour en faire provision. La mine est riche, il faut l'exploiter, et pour ce, nul besoin de la mettre en actions... des feuillets d'album suffiront et leur valeur ne sera jamais « à la baisse ».

## CHAPITRE IX

# DIVERSES BRODERIES

Je vais maintenant, quoi que j'en aie dit au début, parler de choses que je ne connais pas en tant que « métier », mais dont je dois, néanmoins, dire quelques mots en me plaçant à un certain point de vue, en vous disant ce qu'il me semble qu'on « pourrait faire », mais en m'abstenant, moi profane, de vous dire comment il faut s'y prendre pour « pouvoir faire ».

Causons donc un peu des différents genres de broderies ; sans faire de classement aucun.

Quand il s'agit d'une chose que je connais bien (ou que je crois bien connaître). je suis une méthode rationnelle : je commence par le plus simple pour passer au plus compliqué ; je parle des lettres de l'alphabet avant de m'occuper des phrases bien construites, j'essaie de faire faire un peu de solfège avant de faire jouer des polkas ou des valses, et si je m'adresse à des gens que je soupçonne posséder déjà quelque peu leur sujet, je leur propose d'exécuter des sujets simples avant de s'escrimer à en composer de compliqués. Or ici je ne sais pas du tout, mais du tout, le plus ou moins de difficultés qu'il peut y avoir à faire telle broderie plutôt que telle autre, et, si j'étais assez imprudent pour me fier aux apparences, je courrais risque de dire des bêtises gigantesques...

C'est toujours vexant. Si donc, parce que telle broderie me paraît simple, j'en concluais qu'elle est facile à exécuter, je serais d'autant plus inexcusable que je sais par expérience (expérience acquise ailleurs qu'en brodant, mais je suppose qu'en tout c'est pareil), que je sais, dis-je, que les choses les plus simples sont, à produire, les plus difficiles. En art, savoir rester simple, c'est tout bonnement être un grand artiste.

La conclusion?... c'est que je vais parler de différentes espèces de broderies, sans classement préalable, allant de l'une à l'autre sans m'inquiéter si l'une est plus ou moins commode à exécuter que l'autre.

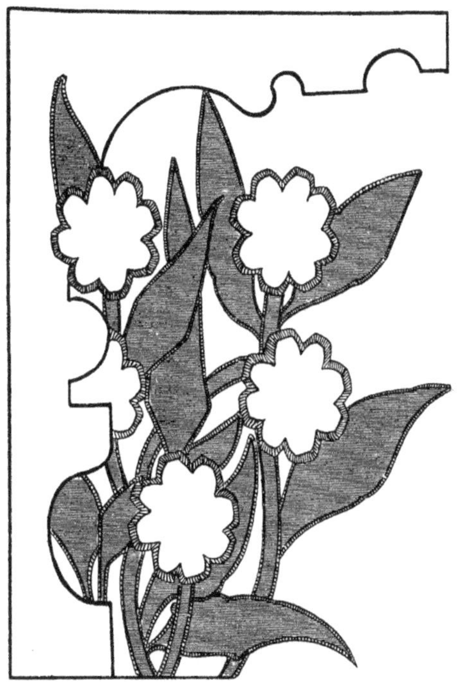

Fig. 32.

D'abord, disons quelques mots de ce que j'appellerai la broderie... broderie, tout court, j'entends celle qui consiste à rendre, sur une étoffe quelconque, au moyen de fils de soie, des sujets quelconques. Pour celle-là il me paraît qu'il faudrait surtout s'inquiéter du rendu de toutes les nuances et de toutes les formes indiquées sur le modèle à reproduire (il est bien entendu que vous ne choisirez ou ne composerez de « bons » modèles) sans trop se préoccuper du côté broderie proprement dit. Je m'explique : il me paraît évident que, lorsqu'on apprend à broder à une jeune fille, on doit lui dire quelque chose dans ce genre : « Prenez votre aiguille de telle façon et faites tel ou tel point pour représenter telle ou telle chose, puis vous ferez un point de cette façon pour rendre telle autre partie... »

Eh bien, je ne prétends pas bouleverser les règles de la broderie (si la broderie a des règles), mais je voudrais que la brodeuse ne se préoccupe

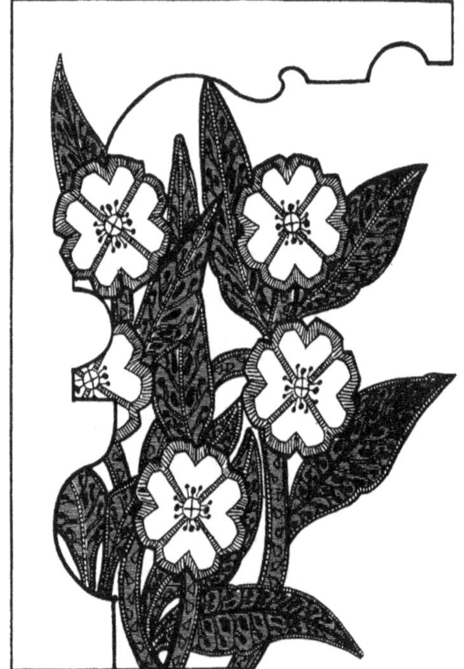

Fig. 33.

pas trop des principes proprement dits, *une fois qu'elle connaitra ces principes;* je voudrais en un mot que ces règles ou ces principes, elle les applique à sa façon. En somme quand nous allons en classe et que nous y apprenons une masse de choses, ce n'est pas pour nous en tenir uniquement à ce que nous avons appris, mais bien pour en tirer plus tard des déductions et des applications nouvelles. Si tous les « potaches » devenus des hommes s'en étaient tenus aux éléments de physique ou de chimie appris au collège entre un pensum et une récréation où en serions-nous ?

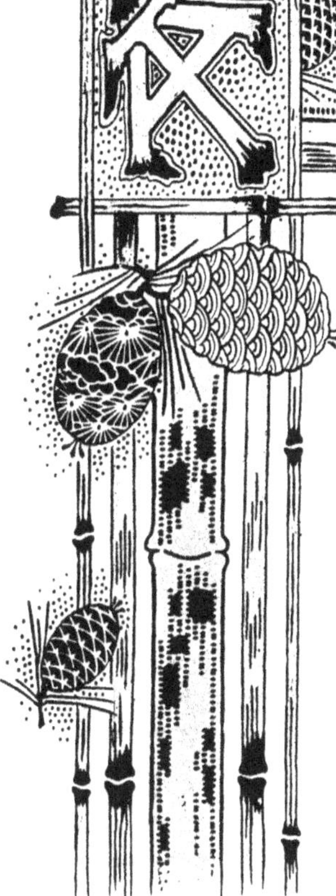

Fig. 34.

Ce qui se fait pour une branche peut bien, ce me semble, se faire pour une autre, et au lieu de s'en tenir seulement aux anciens errements, il me paraît intéressant de trouver du neuf.

Sans trop me préoccuper de la question métier, je m'évertuerais donc, si j'étais brodeur (les dieux ne m'ont pas fait cette grâce), de rendre par la façon de guider ma soie l'allure, le caractère des motifs de mon modèle et suivant ces motifs je changerais cette allure ; peut-être qu'au point de vue « technique » je serais à côté, mais au point de vue « artistique » je serais dans le vrai, et à mon sens, celui-ci doit avoir le pas sur celui-là. En somme je tâcherais de manier mon aiguille comme l'auteur du modèle aurait manié son crayon, et je ferais en sorte de rendre de mon mieux les hasards des coups de pinceaux, hasards heureux, j'entends, non accidents ou repentirs.

Lorsque vous dessinez ou que vous peignez un sujet, vous cherchez, n'est-ce pas, par la manière dont vous appliquez des touches, à vous rapprocher le plus possible de la nature ; généralement vous les posez dans le sens de l'objet représenté : verticaux ou horizontaux pour une surface verticale ou horizontale, recourbés pour un sujet arrondi. Ne me dites pas qu'il y a pour la broderie impossibilité à agir de même, j'ai vu des choses faites de cette façon et qui donnaient une impression charmante, laissant bien loin derrière elles aussi des travaux exécutés suivant la routine. Et ce que j'ai vu, ainsi traité, n'avait pas été brodé par une brodeuse de profession, par une personne expérimentée, mais bien par une fillette d'une quinzaine d'années, fort intelligente, il est vrai, et fort ingénieuse et adroite pour tous les travaux d'aiguille : J'avais fait à l'aquarelle, une pochade assez grande représentant un vol de corbeaux traversé par une branche de houx garnie de baies rouges. La chose était peu faite, traitée largement et un peu au gré du pinceau, ce qui avait produit des effets assez heureux tant comme exécution que comme coloris, certains tons avaient, sans que je le voulusse, coulé dans d'autres tons, certains coups de pinceau avaient produit des touches « amusantes » sans que j'y fusse pour rien, le hasard m'avait bien servi, voilà tout.

La fillette en question, ayant vu cette pochade, la trouva tout à fait à son goût ; elle me demanda la permission de la reproduire en broderie, permission qui lui fut accordée de grand cœur, bien que l'œuvre me semblât peu digne de tant d'honneur; je doutais fort qu'on put tirer de là quelque chose de satisfaisant. Eh bien, je me trompais absolument, ma jeune brodeuse trouva le moyen d'interpréter son modèle d'une remarquable façon, elle agença des points, des lignes, des croisillonnements de soie qui rendaient admirablement tout ce qu'il y avait sur la pochade, hasards de formes et hasards de coloris, tout y était, et cela fit un panneau remarquable (ce qualificatif ne s'adresse, bien entendu, qu'à l'œuvre de la brodeuse, non au modèle) et d'autant plus méritoire qu'il était d'une assez jolie grandeur, puisque les corbeaux y figuraient presque à leur taille naturelle.

Ce que fit cette jeune fille, il me semble que d'autres pourraient le faire, je suis persuadé du reste que d'autres l'ont fait et ont cherché à s'éloigner de la monotonie qui domine dans maints travaux du même genre.

Varier la façon de faire est, me paraît-il, un point capital ; traiter tel motif à gros traits, largement, pour faire valoir tel autre motif exécuté finement me semble un moyen d'arriver à une augmentation d'effet ; mélanger même diverses façons de faire pour une seule et mince œuvre, cela vous déplairait-il ?...

Dans des compositions dont le dessin est cerné d'un trait et le coloris indiqué par à-plats, il me paraît qu'on peut tirer un très grand effet décoratif de l'adjonction de la broderie. Faire des appliques d'étoffes de diverses couleurs et de diverses natures pour obtenir ces à-plats, puis, au moyen de broderies, faire les cernés et donner les détails (fig. 32, 33). Bien que,

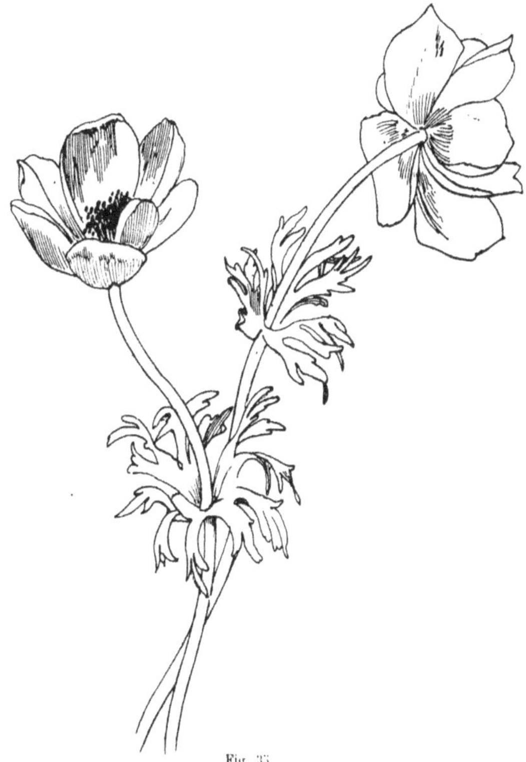

Fig. 35.

avec un peu d'adresse et beaucoup de patience, ceci puisse se faire pour des sujets à petits détails, à surfaces restreintes, le moyen que je préconise me semblerait surtout pratique pour des ornements ou des fleurs présentant des surfaces un peu larges et point trop découpées.

Au reste, de crainte de m'être insuffisamment expliqué, je choisis un exemple :

Prenons comme type, si vous le voulez bien, un pavot sur sa tige; vous

l'avez posé sur un fond d'une nuance et d'une nature d'étoffe à votre gré :
noire ou bleue, soie ou drap. Mettons que vous ayez choisi un drap bleu
marine. Vous aurez, dans de la soie rose, découpé la silhouette de votre
fleur et dans de la soie verte celle de vos feuilles ; vous pourrez même

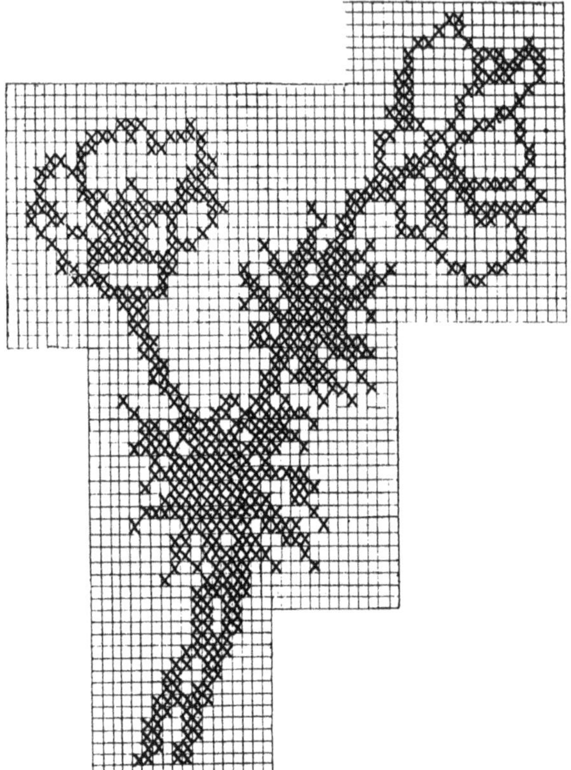

Fig. 36.

prendre plusieurs nuances de rose et plusieurs nuances de vert si les pétales
de vos fleurs et les diverses feuilles sont de tons variés ; vous aurez appliqué
chacune de ces soies à leurs places respectives, et c'est alors que vous com-
mencerez votre travail de broderie : vous cernerez bien exactement, en leur
donnant leurs formes, les fleurs et les feuilles, en un mot vous « dessinerez »
les unes et les autres ; en somme vous ferez l'équivalent de ce que fait un

décorateur qui couche des tons en à-plat et *sur* et *autour* de ces à-plats fait
des contours, des repiqués, des modelés; vos « couchages d'à-plats » sont vos
appliques d'étoffes; vos contours, vos repiqués et vos modelés sont faits à
l'aide de l'aiguille et de la soie au lieu de l'être au pinceau ou à la plume.

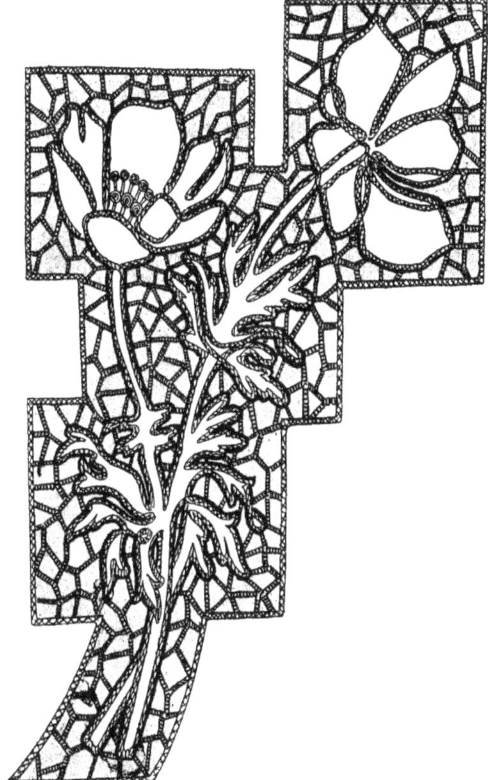

Fig. 37.

Les nervures du feuillage, les tachetés, les ombres portées, que sais-je, seront
brodés de même pour les pistils, le cœur, etc., de votre fleur. Vous ferez en
somme partiellement sur les appliques de soies diverses ce que vous faites
pour la broderie d'une composition tout entière. Rien ne vous empêche
d'employer même des étoffes différentes, des matières diverses pour les fleurs,
les feuillages ou les ornements. Certaines fleurs sont soyeuses, d'autres sont

veloutées; prenez de la soie pour les premières, du velours pour les secondes. Pour les feuillages luisants prenez une étoffe brillante; pour les feuillages mats ou duveteux prenez une étoffe sans reflets ou pelucheuse. — Mais, en tout cas, cherchez à opposer le genre d'étoffe de votre décoration à celle de votre fond. Pour ce fond lui-même vous pourrez même trouver des variétés de tons en cherchant des compositions se prêtant à cette fantaisie. Je veux dire que vous pouvez très bien, par exemple, avoir mi-partie (ou plus ou moins) de ce fond d'un ton et le reste d'un autre; mais, comme il vous faudra évidemment faire une couture dans votre étoffe, il s'agira de composer votre sujet de façon à pouvoir dissimuler cette couture. Je reprends mon exemple du pavot que je place, cette fois, non sur un fond uni mais sur un fond de deux nuances. Je suppose une partie dans le bas d'un vert clair (mettons que ce soit du terrain) et celle du haut d'un gris bleuté, le ciel. Vous découperez les deux morceaux de votre fond de façon à ce qu'ils s'enclavent l'un dans l'autre, telles deux pièces de jeu de patience, vous les couturerez l'un à l'autre et cette couture sera dissimulée par le travail de broderie que vous ajouterez. Rien ne vous empêchera, suivant votre composition, de varier ainsi vos fonds en trois, quatre parties. Vous pourrez même, dans certains cas, ne varier que vos fonds et avoir toute la décoration en broderie, soit monochrome, soit polychrome. Mais défiez-vous de l'exagération, des heurts de tons; il ne s'agit pas de tomber dans l'habit d'arlequin, mais de garder toujours un ensemble harmonieux.

Je n'ai pas à m'appesantir sur les « points de broderie » proprement dits, je cherche à vous indiquer des voies pas trop battues, ce sera à vous à vous y guider de votre mieux et à combiner, pour chaque travail, « le coup d'aiguille » qui lui conviendra. En généralisant ce que nous venons de dire, en ne se bornant pas à prendre à la lettre nos explications ou nos exemples, il sera facile d'appliquer les idées émises (si idées il y a) à tous les travaux de broderie qu'on voudra, de quelque genre que soit, le « point » choisi, que ce soit broderie à l'aiguille, tapisserie ou canevas.

Celles d'entre vous, Mesdames, que le côté technique surtout intéressera ou celles qui voudront connaître des combinaisons de « points » nouveaux, celles, en un mot qui cherchent des modifications dans la partie « métier », trouveront aisément tous les détails dont elles ont besoin, en s'adressant à des

professionnels ou à des « chercheurs » de choses nouvelles ayant trait à tout ce
qui se classe sous la dénomination de « travaux de dames ». Elles pourront,
par exemple, consulter des personnes d'expérience [1].

Nous avons dit tout ce qui nous paraissait utile quant aux broderies purement décoratives; passons maintenant rapidement en revue les broderies qui
orneront des objets usuels, linge de table, etc. (fig. 34).

Là encore, le champ est vaste.

Pour le linge de table, on pourrait, me semble-t-il, trouver autre chose
que ces éternelles guirlandes plus ou moins banales et ces sempiternels
enroulements fatigants à la longue. Pourquoi ne pas chercher là aussi un
peu de nouveau; nouveauté comme composition du dessin lui-même, nouveauté dans la façon de placer celui-ci. Jusqu'ici les nappes, les serviettes,
les « chemins de table » que j'ai vus (et j'en ai vu pas mal, car je dîne et je
déjeune souvent comme tous mes concitoyens), se composent d'un encadre-
ment, d'une frise, puis parfois, d'un chiffre, ou d'une initiale.

Ne pourrait-on, là aussi, donner cours à sa fantaisie, faire des semis irréguliers, jeter une branche partant d'un angle et allant capricieusement se
perdre vers le milieu, ceci comme exemple, car cette branche peut fort bien
être jetée au hasard ailleurs qu'aux endroits que je viens de signaler. Au lieu
de prendre des motifs quelconques, je chercherais des sujets *ad hoc.*

Sans abandonner la fleur, je ne l'emploierais que modérément et je me
rejetterais sur les fruits, les légumes, les poissons, les oiseaux; les uns et
les autres prêtent on ne peut mieux à la décoration; je m'en servirais soit à
peu près nature, soit en les interprétant de façon ornementale; je dis « à peu
près nature » parce qu'il faut ici faire la part des modes de reproduction qui ne
prêtent pas toujours à reproduire les sujets dans tous leurs détails et néces-
sitent parfois une interprétation conventionnelle.

Mais, même dans ce cas, on peut toujours chercher à donner au sujet,
une tournure, un « jeté » original. Plus le point choisi se prêtera à tous les
développements et plus on pourra compliquer son sujet, plus aussi on pourra,
si l'on veut, se rapprocher de la nature.

[1] Nous devons parmi celles-ci faire une place à part à M. Henry, l'intelligent directeur des magasins
« A La Pensée » auquel nous devons nous-même maints renseignements. M. Henry est membre de la
Commission consultative de l'Union centrale des arts décoratifs.

Lorsque le genre de broderie qu'on voudra adapter sera limité comme moyens, il faudra bien s'en tenir à des motifs simples.

Je crois qu'en général, le meilleur moyen est de composer son œuvre tout d'abord sans préoccupation du mode de reproduction, et la composition

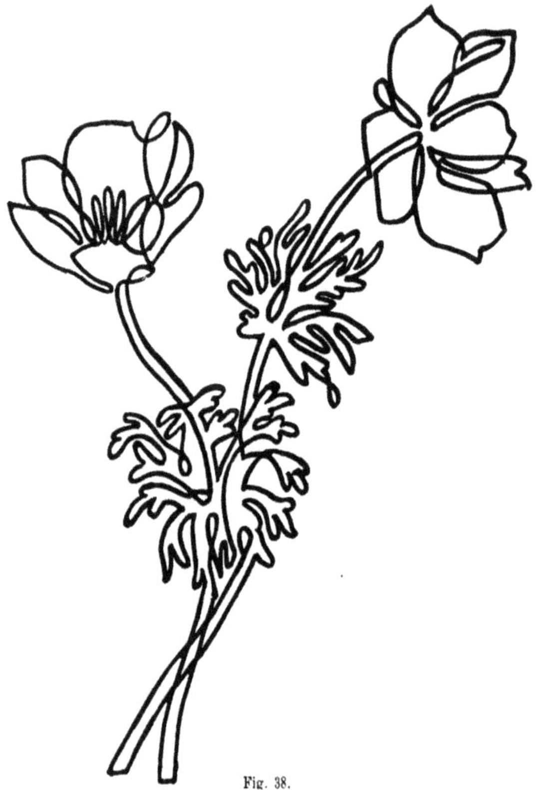

Fig. 38.

une fois trouvée, s'ingénier à la rendre aussi exactement que possible, en combinant ses points de façon à rendre le mieux possible les formes librement indiquées sur le sujet initial.

Prenons comme exemple une tige d'anémone avec ses fleurs et ses feuilles, dessinons-la au naturel (fig. 35) comme je viens de le dire, puis nous nous appliquerons à en faire diverses adaptations (fig. 36, 37, 38, 39).

Et je procéderais ainsi, si vous n'y voyez pas d'inconvénients, pour quelque

genre de travaux que ce soit. Quand j'ai dit tout à l'heure, que je composerais
mon dessin sans me préoccuper de la destination à venir, j'ai peut-être exagéré ma pensée; il va sans dire, et vous l'avez compris, que je cherchais mes
sujets dans un ordre d'idées adaptable au genre de points destiné à le repro-

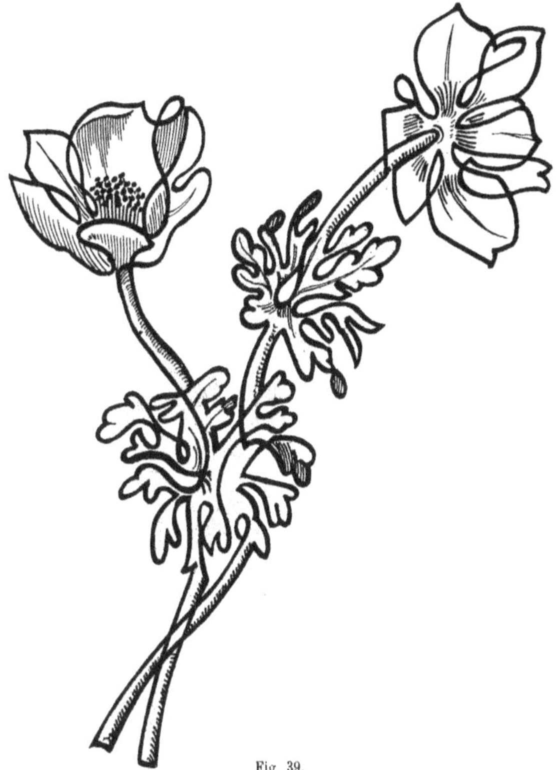

Fig. 39.

duire. Il est évident, n'est-ce pas, qu'un dessin nature, pouvant être recopié
en broderie libre, prêtera, en subissant des modifications notables, à être
interprété par la tapisserie mais qu'il serait tout à fait impossible de le ployer
aux exigences du crochet, par exemple, ou de la « frivolité ». Pour ces tra-
vaux-là, je chercherai librement aussi, *mais dans un genre spécial*, les compositions que j'entendrais reproduire.

Il est un procédé dont on pourrait tirer parti, non seulement en l'employant seul, mais en le mélangeant avec d'autres : la soutache. Il me paraît qu'une œuvre soutachée pourrait produire des effets nouveaux, amalgamée avec des broderies d'un genre à votre choix. La difficulté du dessin dessiné à la soutache gît en ce qu'il faut l'agencer de façon à ce qu'une ou deux lignes se continuent sans ou presque sans interruption pour éviter des coupures de soutache ; mais ceci encore est une difficulté qu'on arrive aisément à vaincre et, même pour le procédé en question, il me paraît pratique de composer son dessin d'abord et d'en chercher l'adaptation ensuite (fig. 38, 39).

En somme, quel que soit le genre choisi, quel que soit le point adopté, le principe reste le même et, faisant la part des nécessités de chacun d'eux, la façon de composer, d'agencer son œuvre sera la même.

---

# CONCLUSION

En écrivant ces quelques feuillets je n'ai pas eu l'intention de traiter « pratiquement » d'un sujet que certes, Mesdames, vous connaissez mieux que moi ; j'ai cherché seulement à éveiller en vous ce désir de faire autre chose que ce qui a été fait jusqu'ici et à vous indiquer quelques petits moyens qui peut-être pourront être par vous employés avec succès ; je voulais surtout vous suggérer l'idée, après avoir étudié ce qui fut fait autrefois, de combiner les procédés employés pour faire du neuf, c'est surtout dans les combinaisons de divers genres complexes, amalgamés en un seul que je verrais, me semble-t-il, le moyen d'éviter la monotonie. Est-ce pratiquement possible ?... je le crois et je me fie à votre habileté et à votre ingéniosité pour marier entre elles les broderies qui, de prime abord, semblent le moins faites pour produire bon ménage ; grâce à vous, elles y arriveront.

---

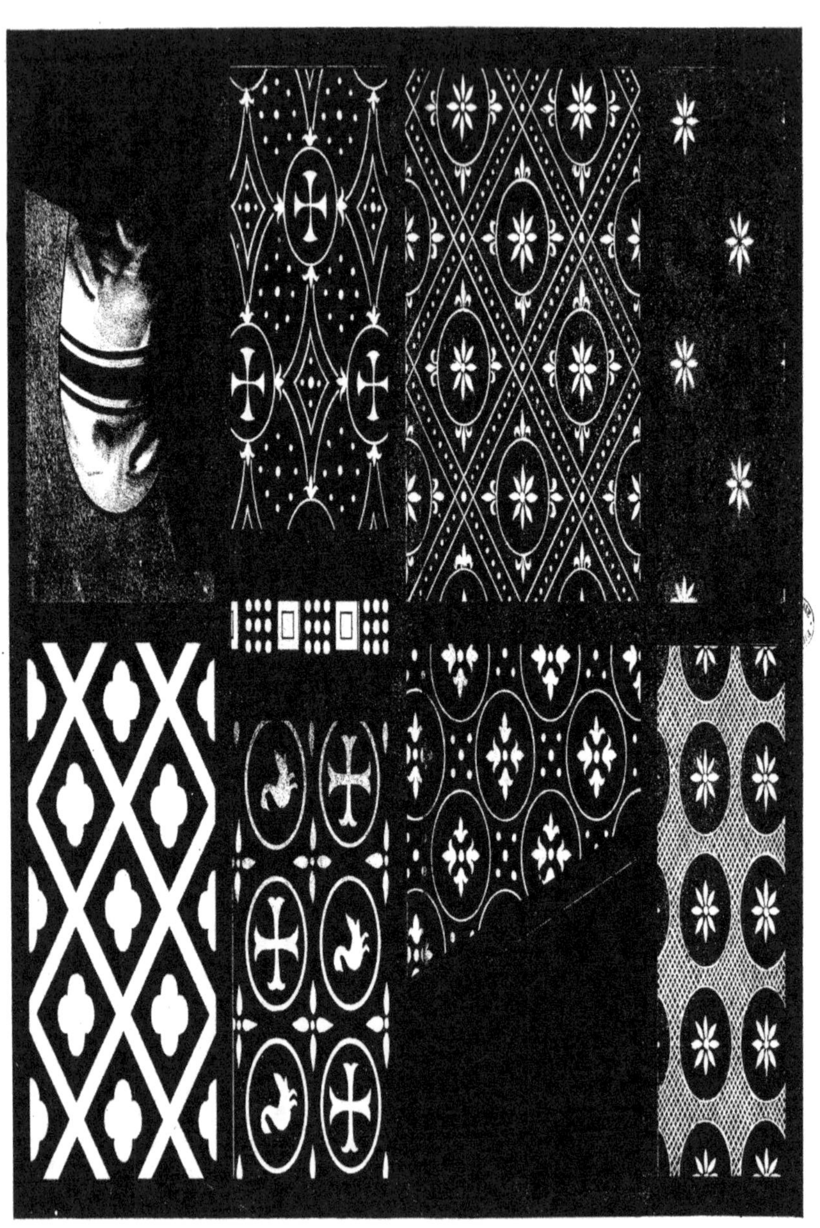

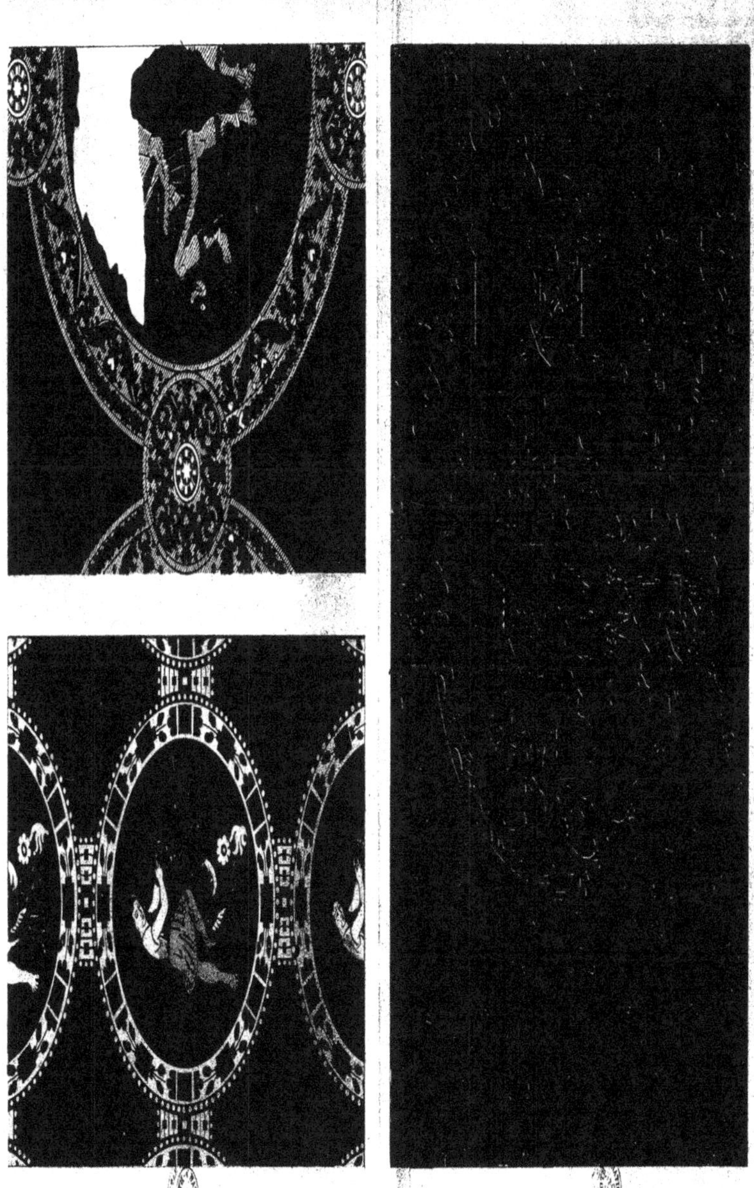

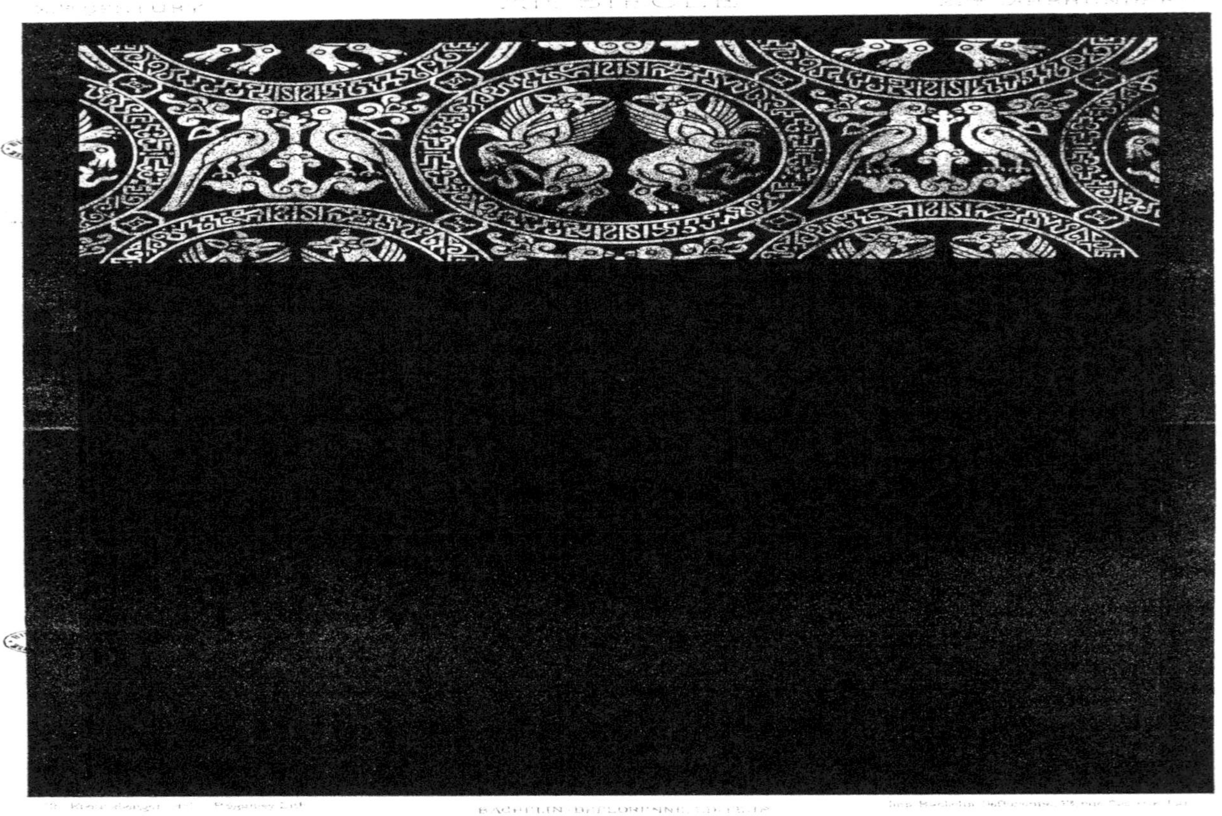

BACHELIN-DEFLORENNE ÉDITEUR

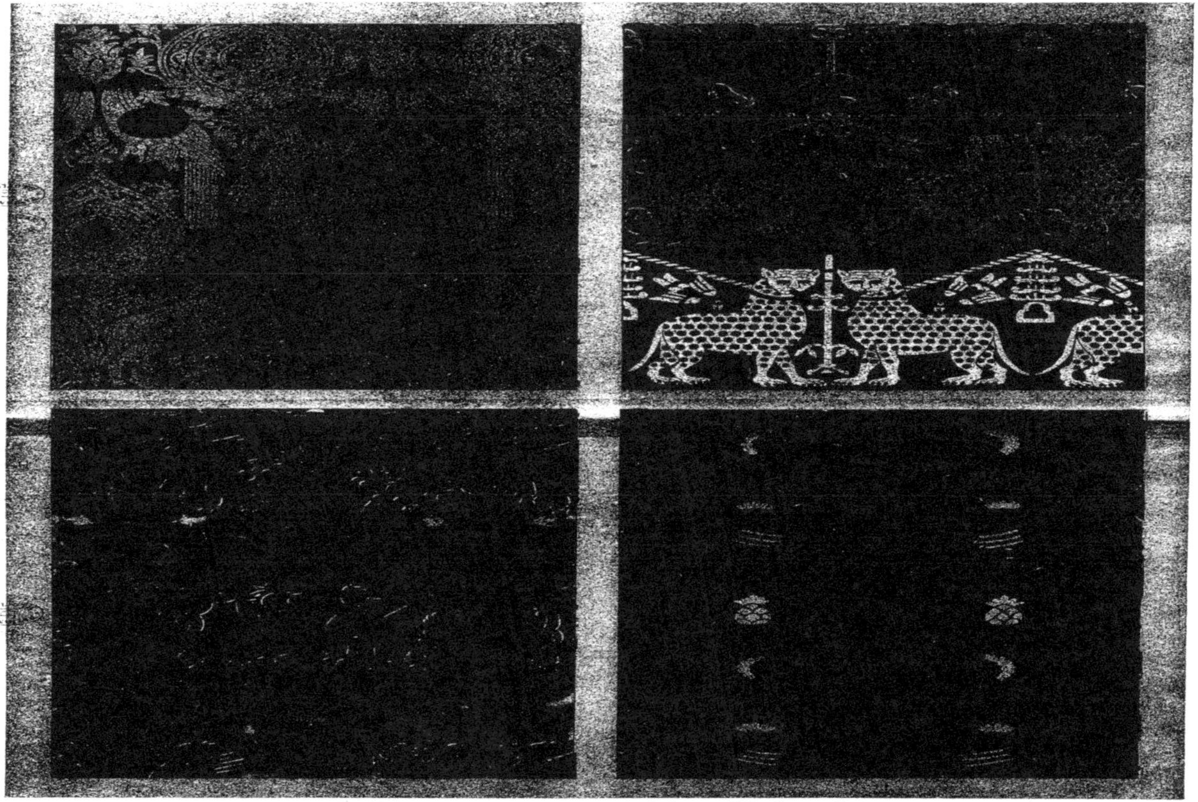

Ch. Kreutzberger, del.

Imp. de la Librairie Ancienne & Moderne Bachelin-Deflorenne, 15, Rue Cassette, Paris.

Regamey, Lith.

BACHELIN-DEFLORENNE, ÉDITEUR

DUCHER & Cⁱᵉ LIBRAIRES

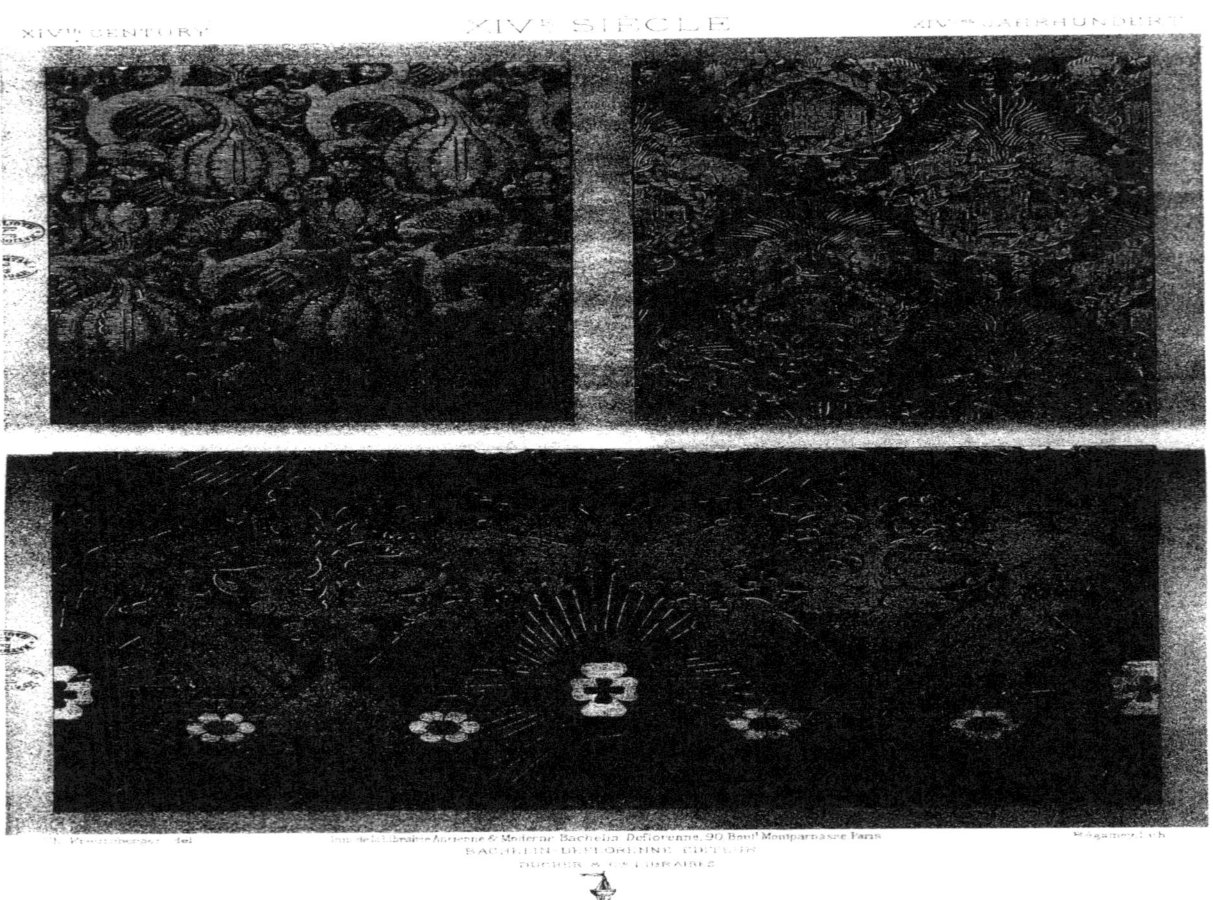

P. Vincorowser   del.        Imp. de la Librairie Ancienne & Moderne Bachelin Deflorenne, 90 Boul. Montparnasse Paris        Régamey lith.

BACHELIN-DEFLORENNE ÉDITEUR
DUCHER & Cⁱᵉ LIBRAIRES

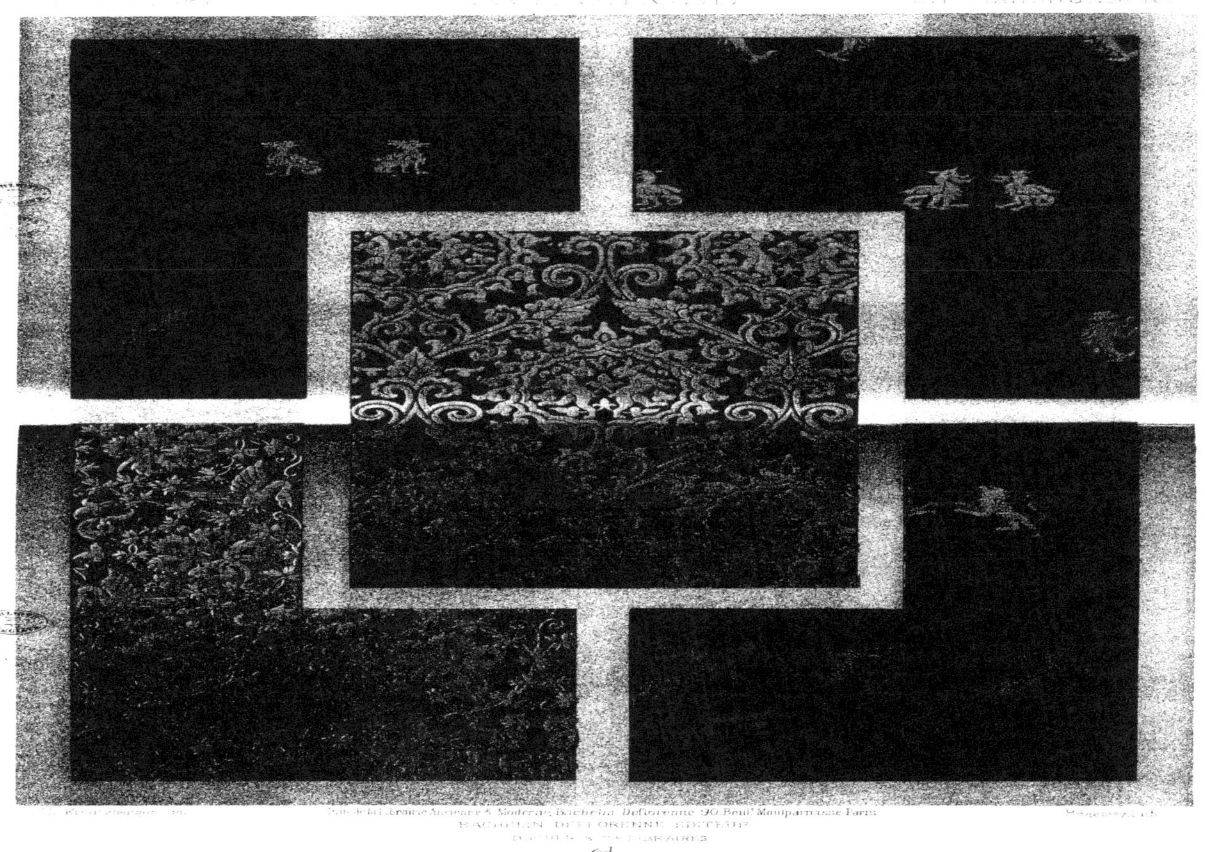

Fond de la Librairie Ancienne & Moderne, Bachelin Deflorenne 90 Boul. Montparnasse Paris
BACHELIN DEFLORENNE ÉDITEUR
DESSINS & .... LIBRAIRES

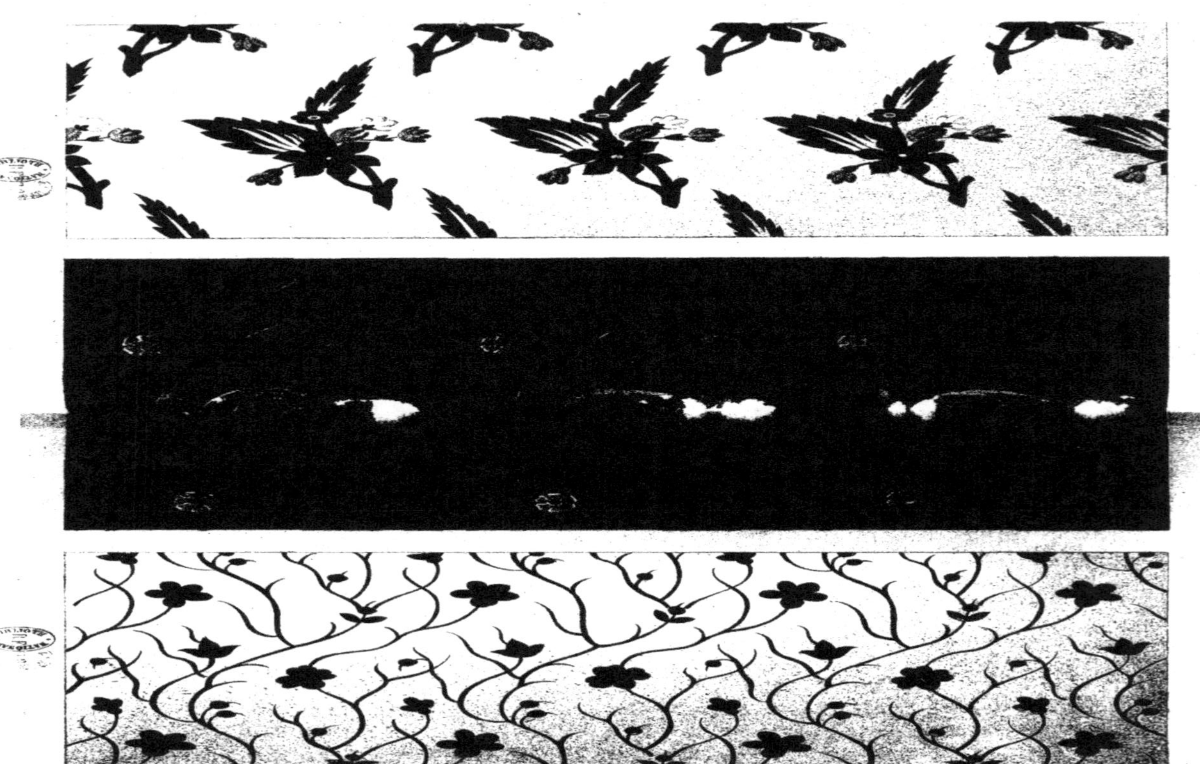

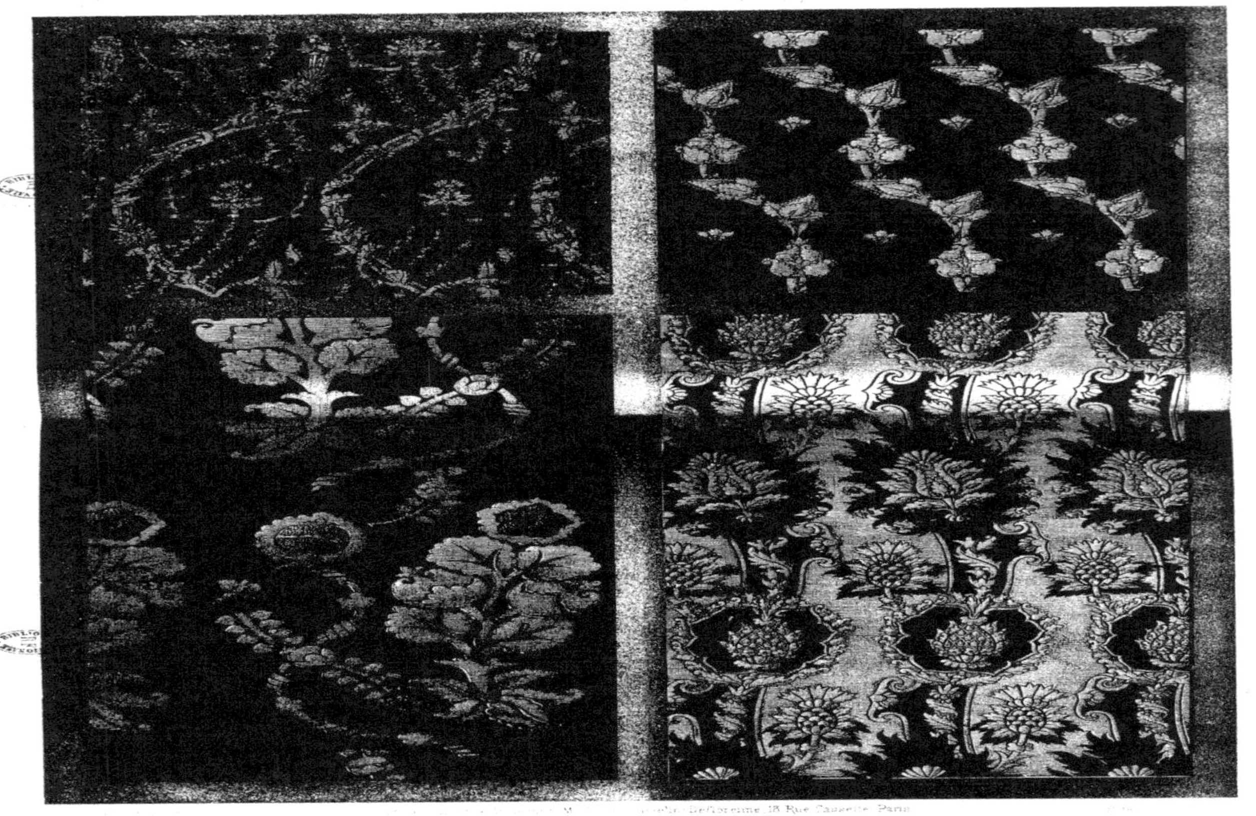
... Lefébure 15 Rue Caumartin Paris

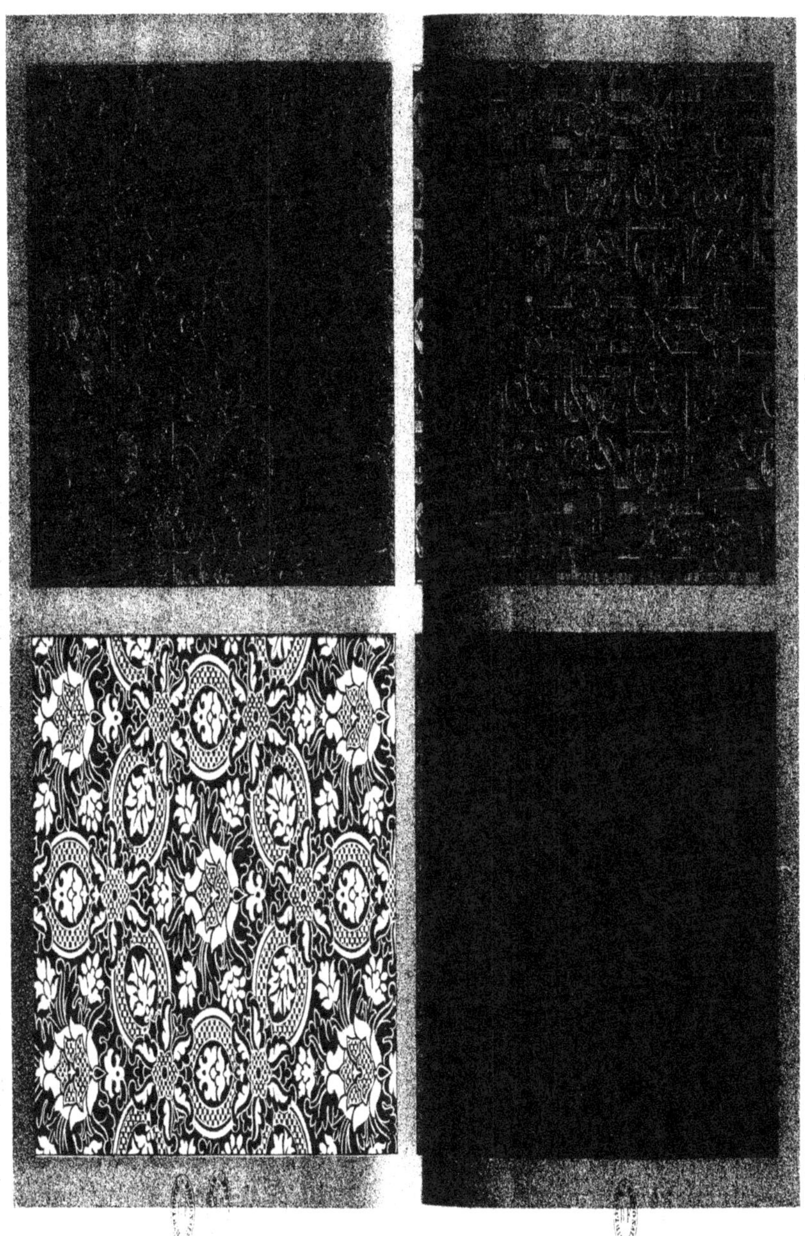

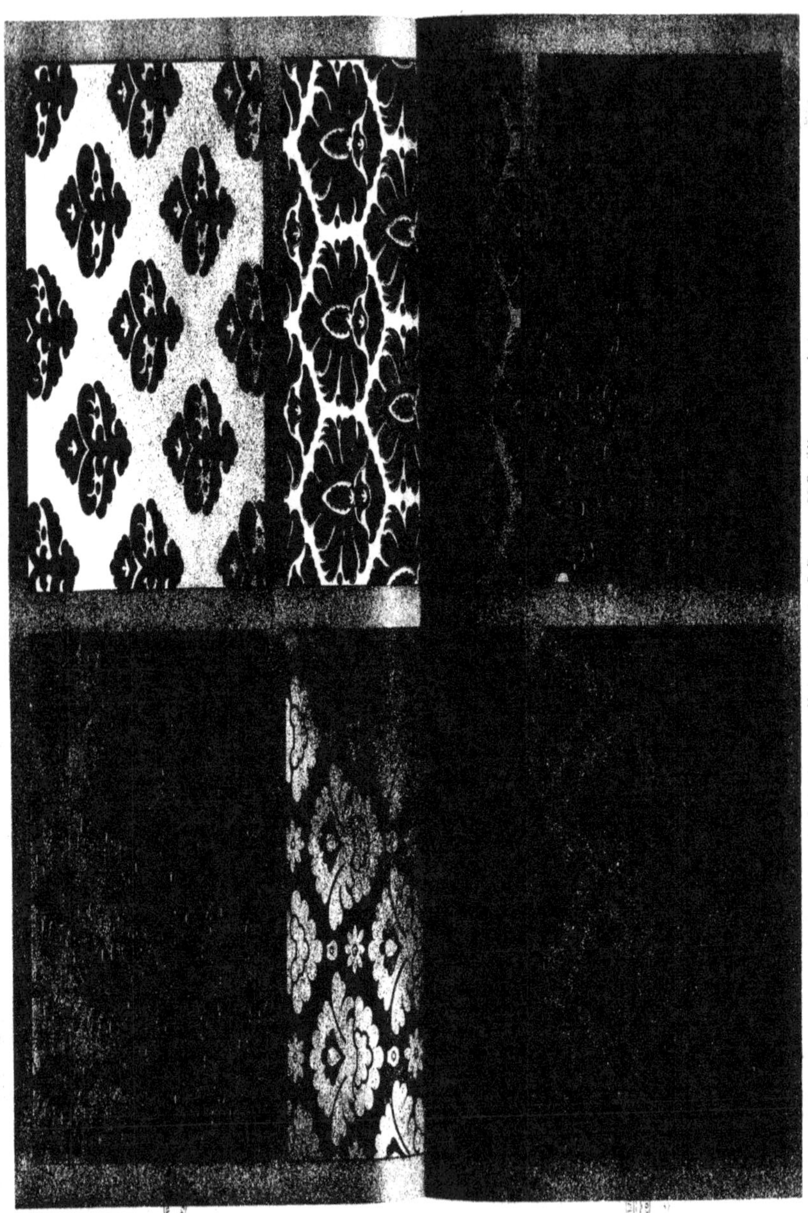

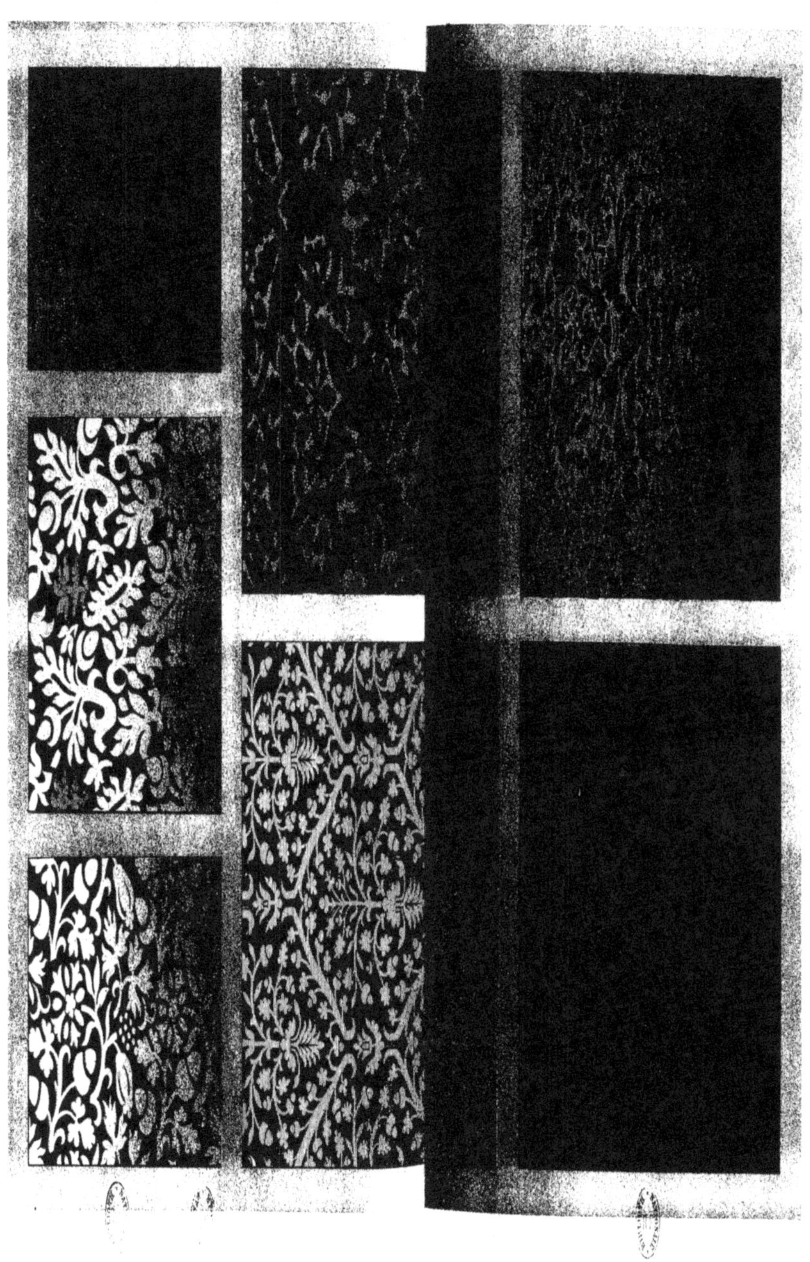

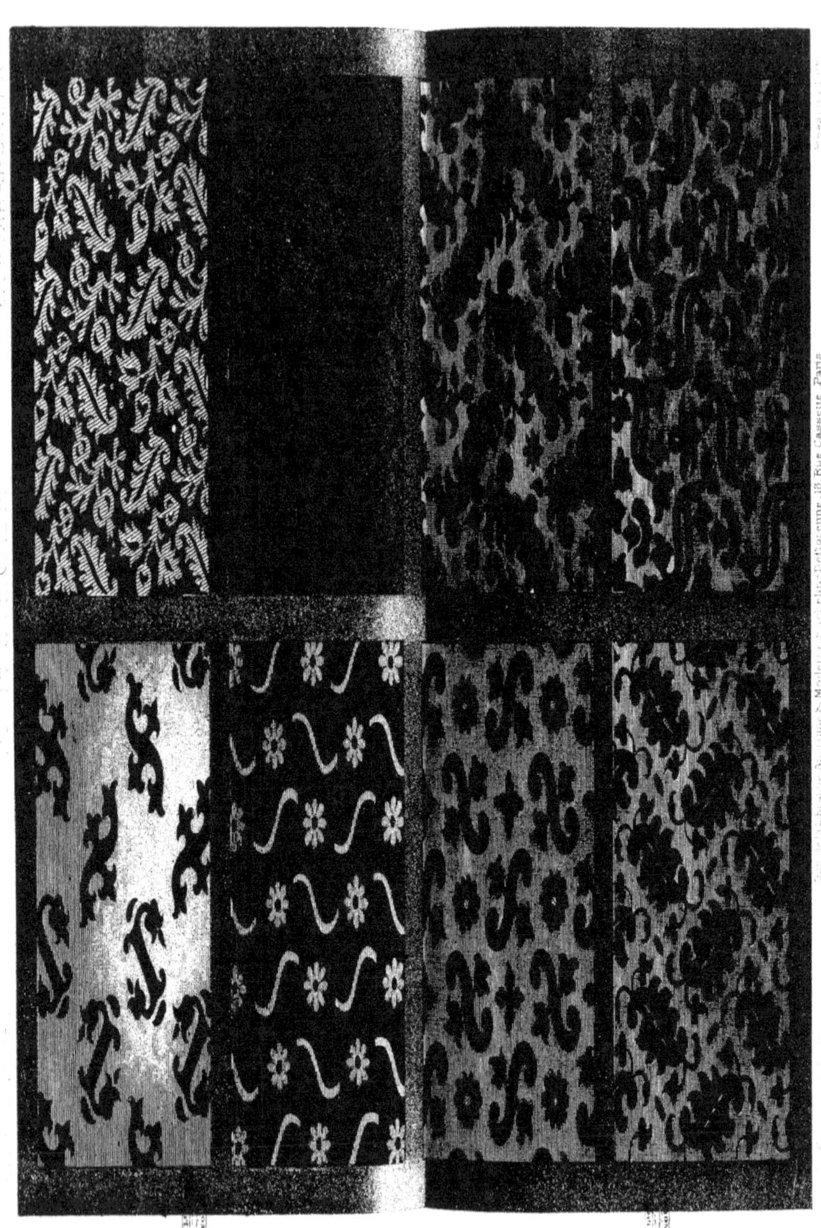

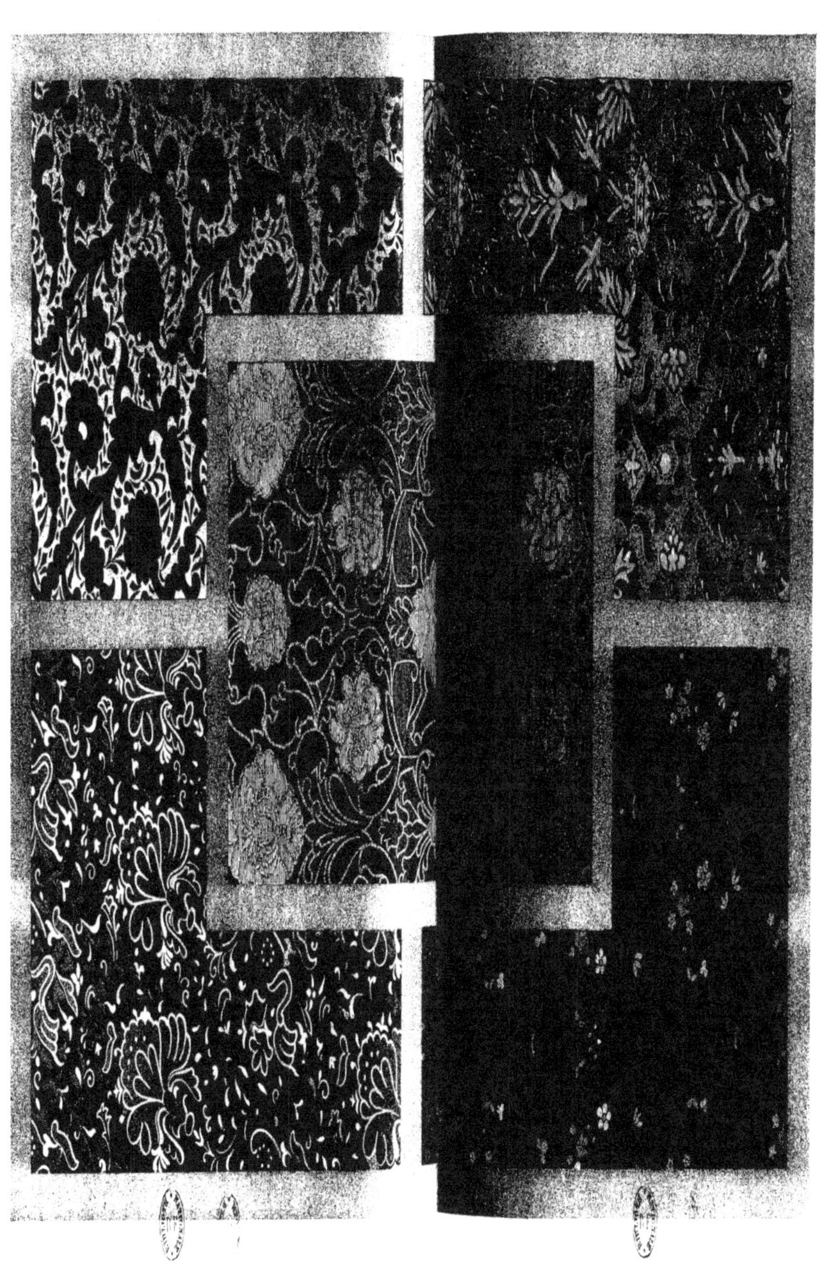

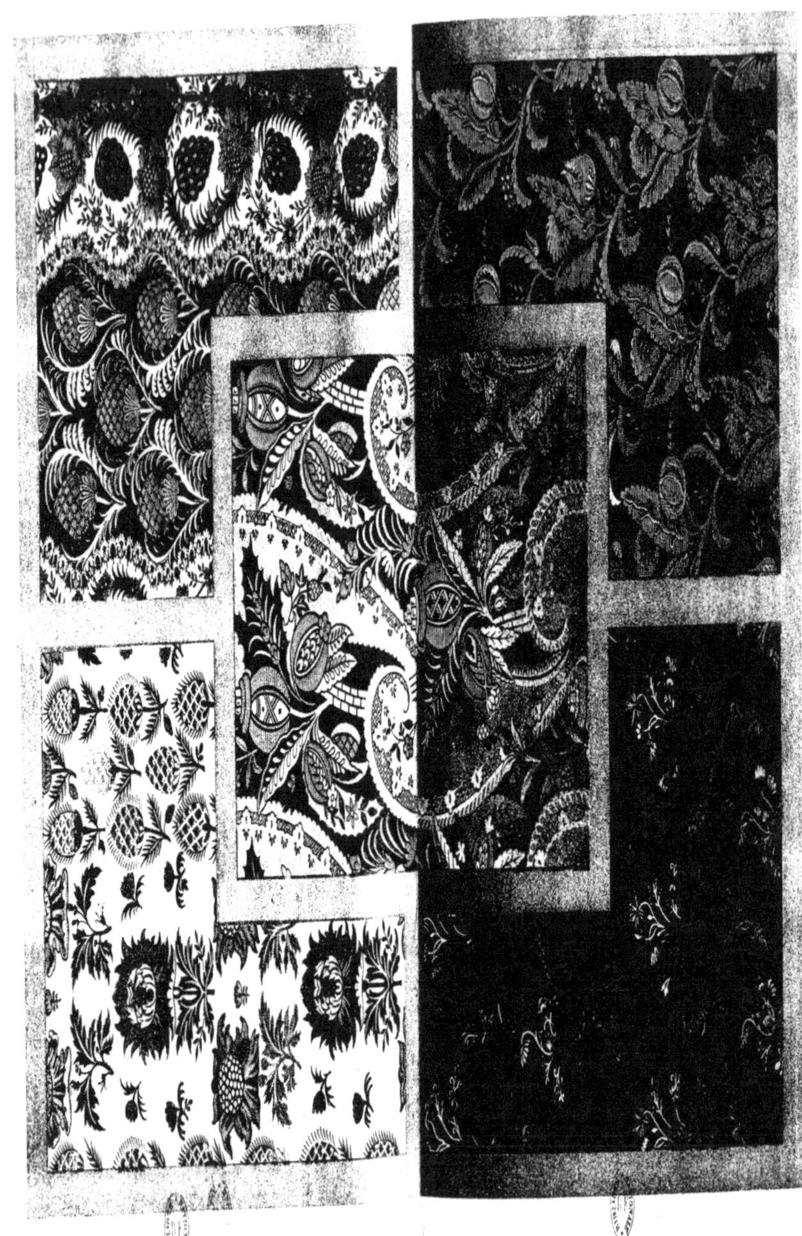

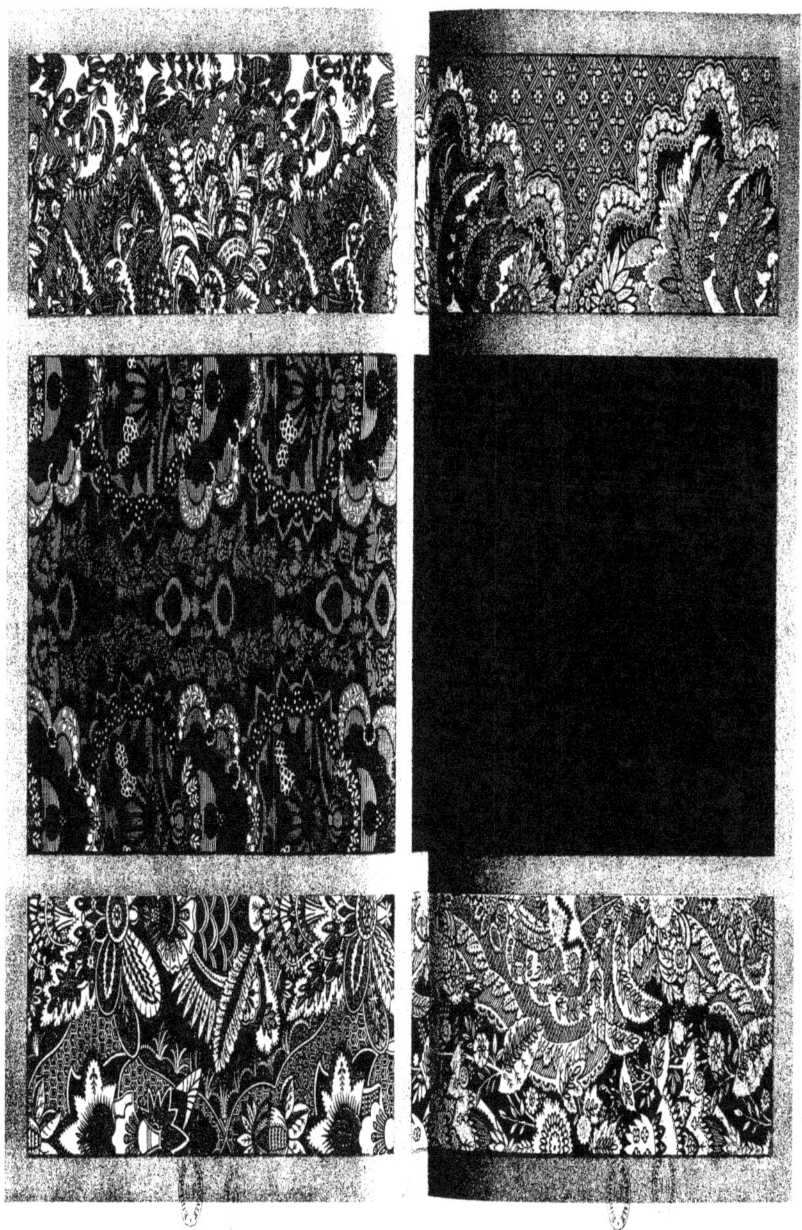

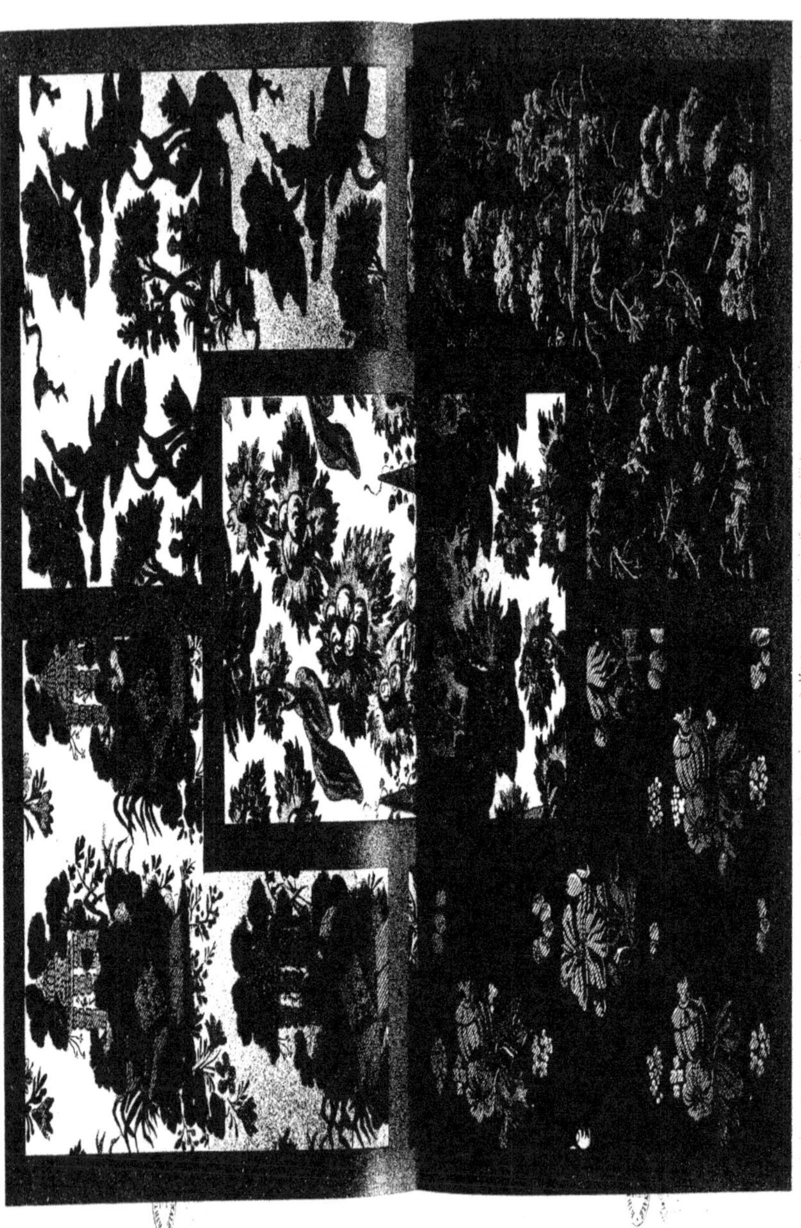

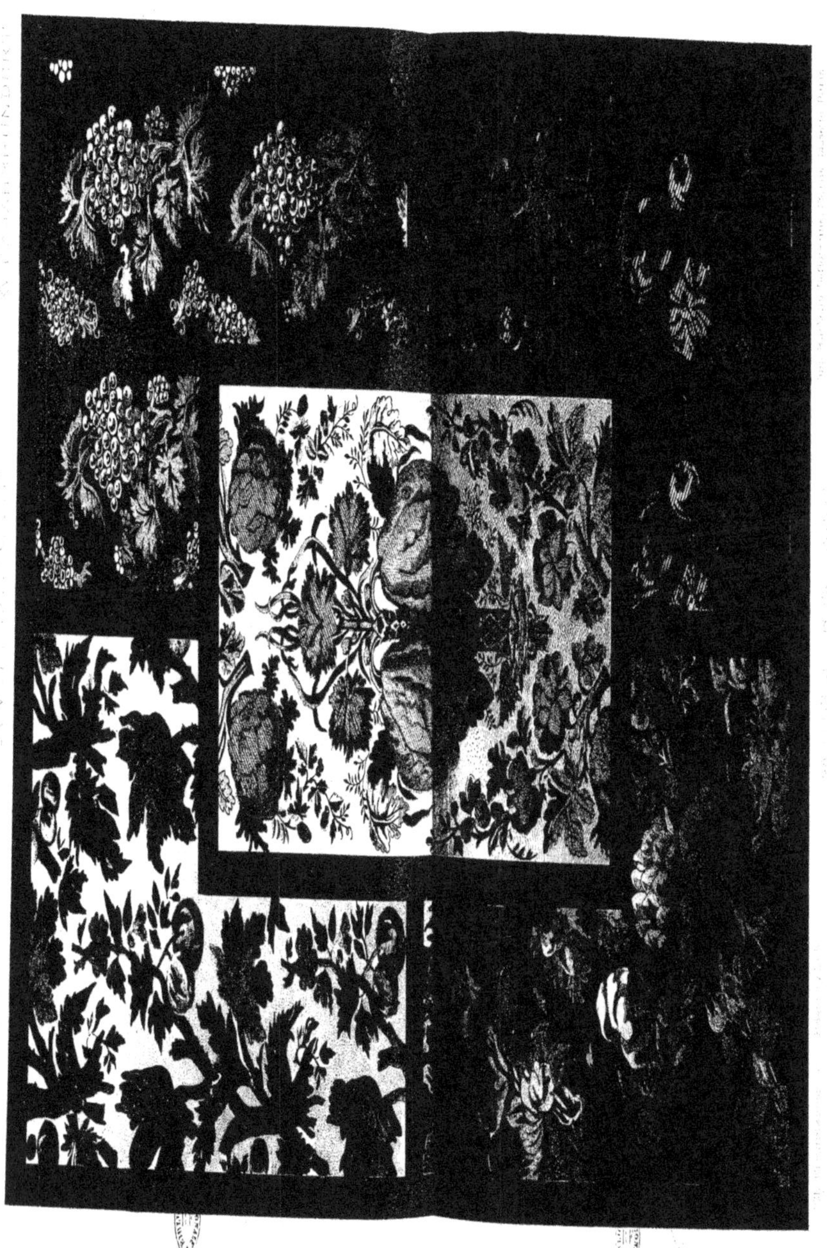

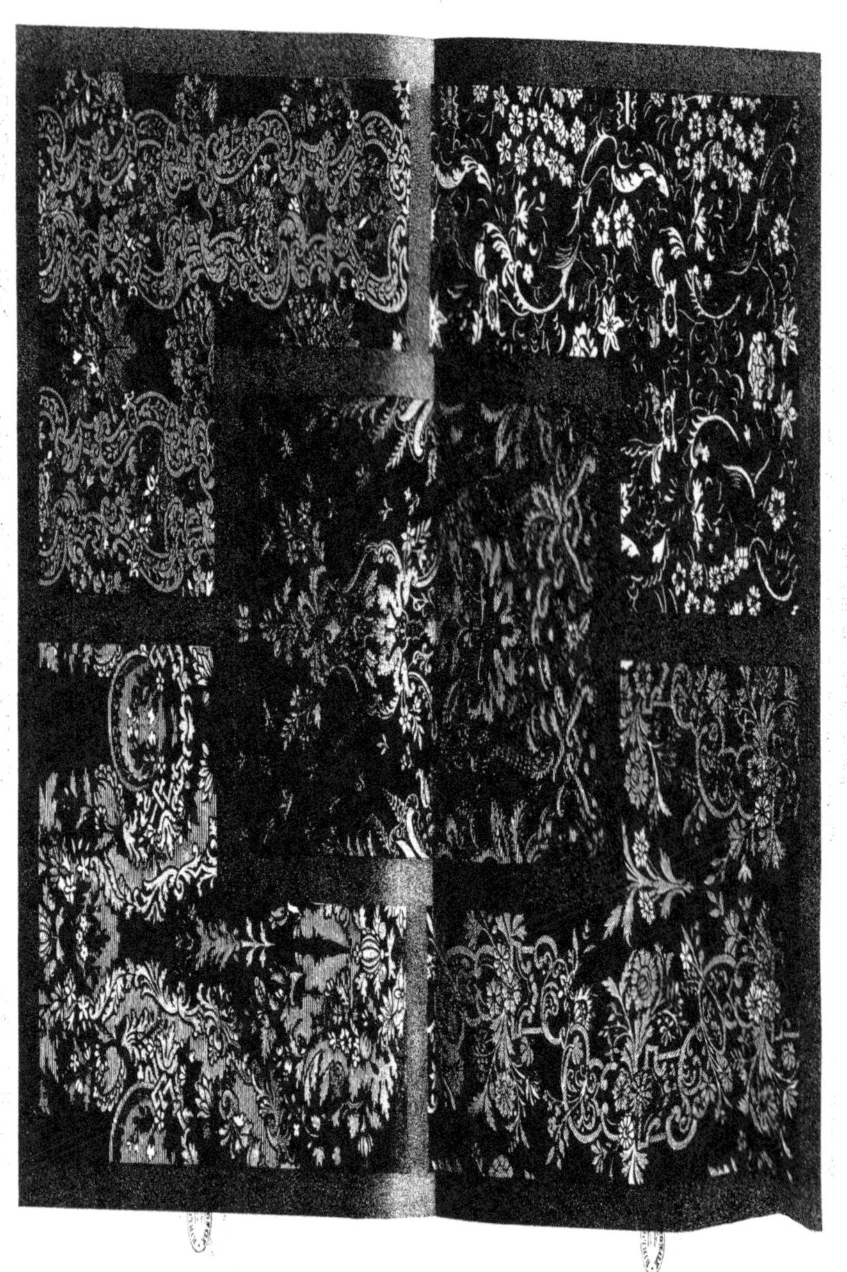

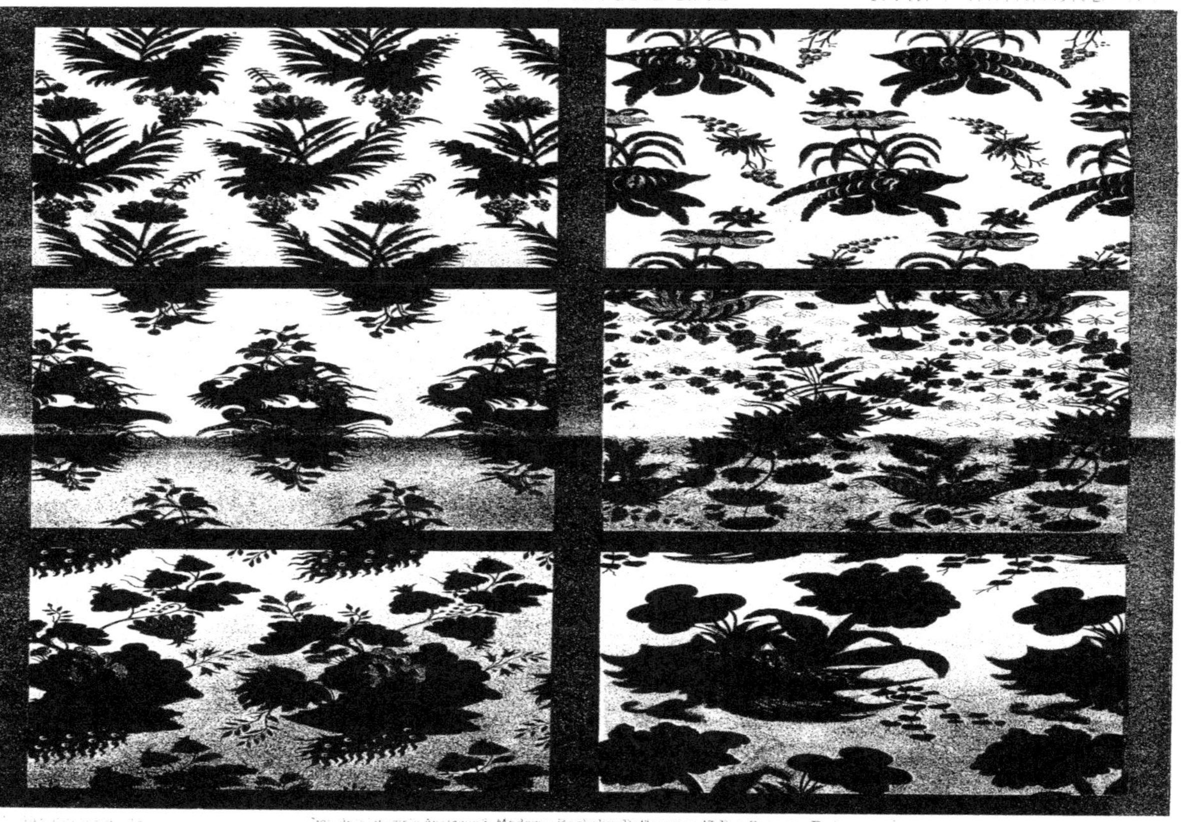

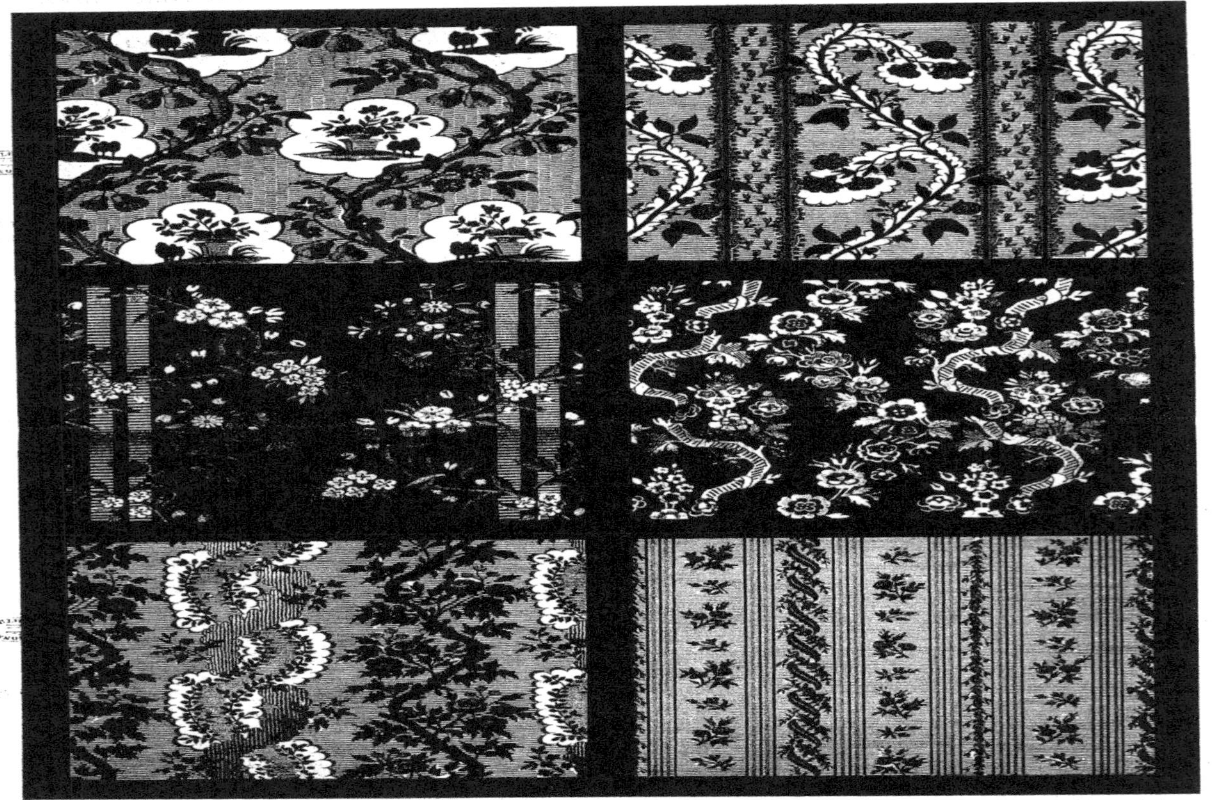

Imp. de la Librairie Ancienne & Moderne Rouchon Defferrenne 18, Rue Chauchat, Paris

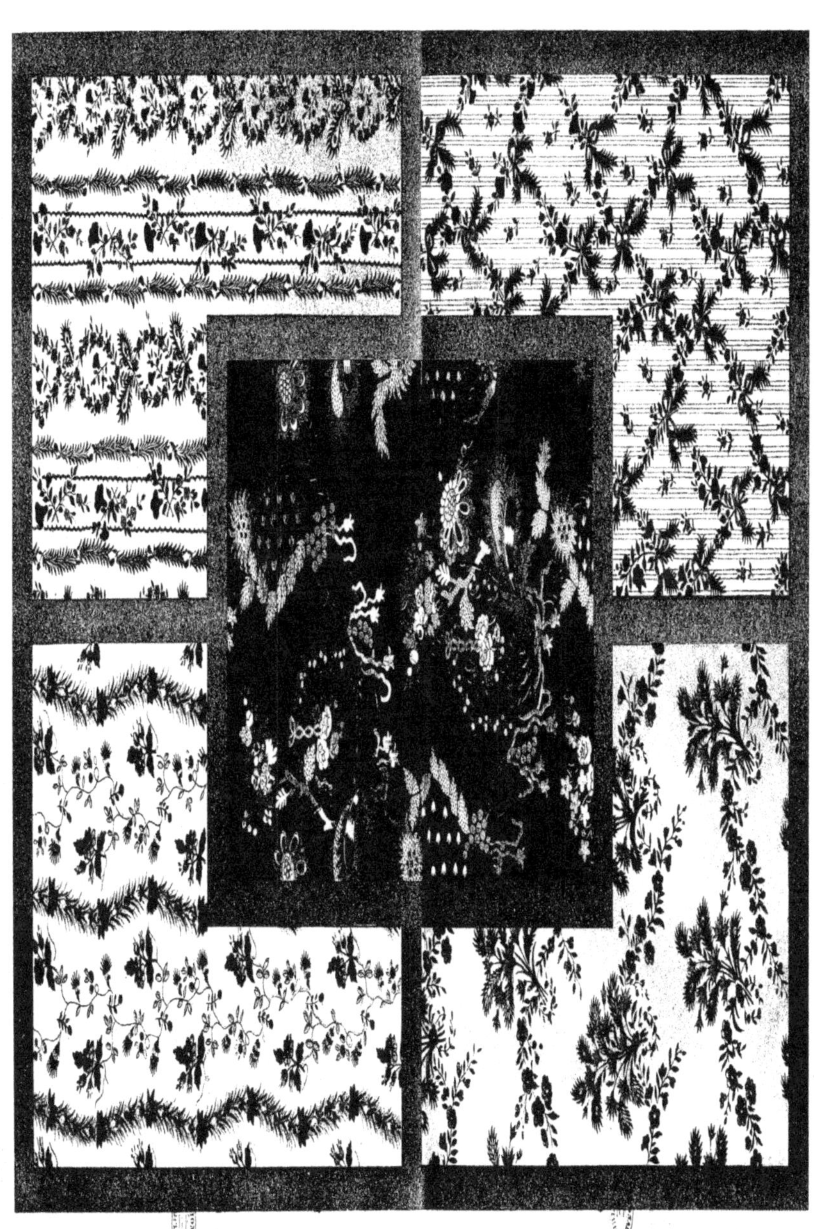

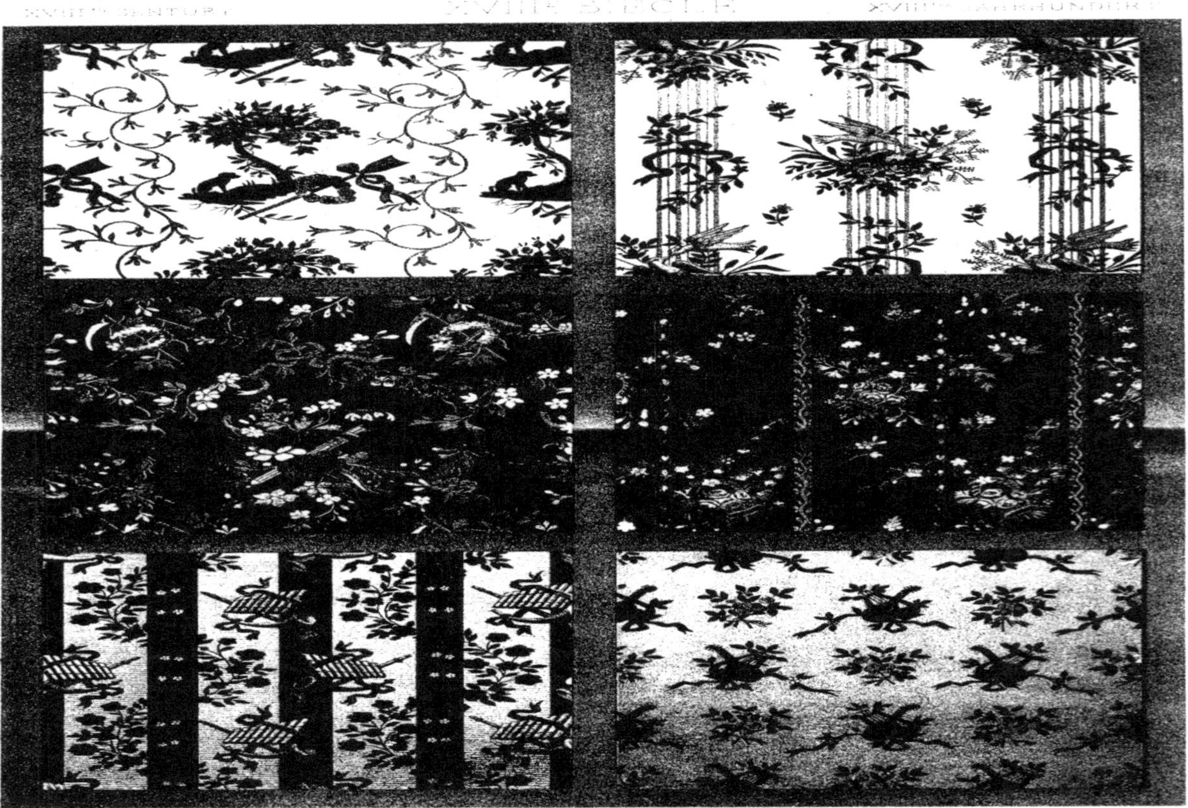

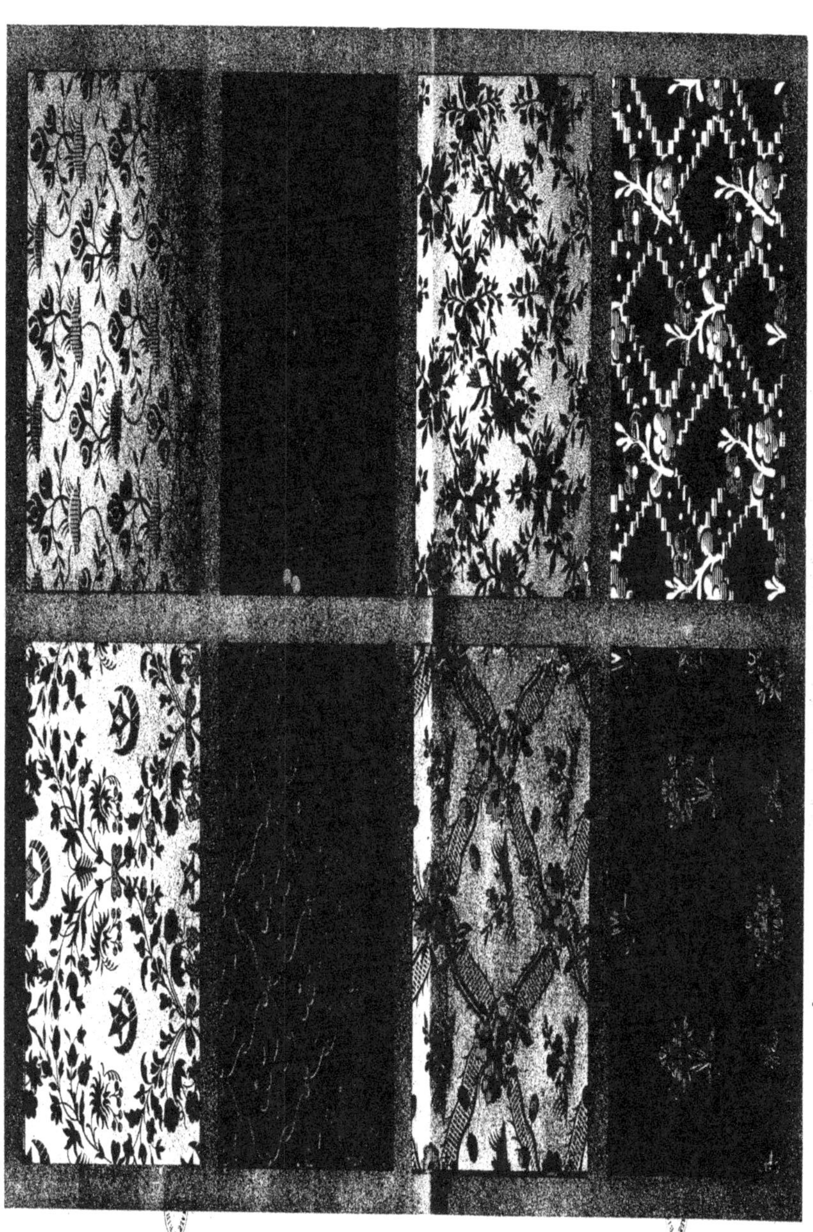

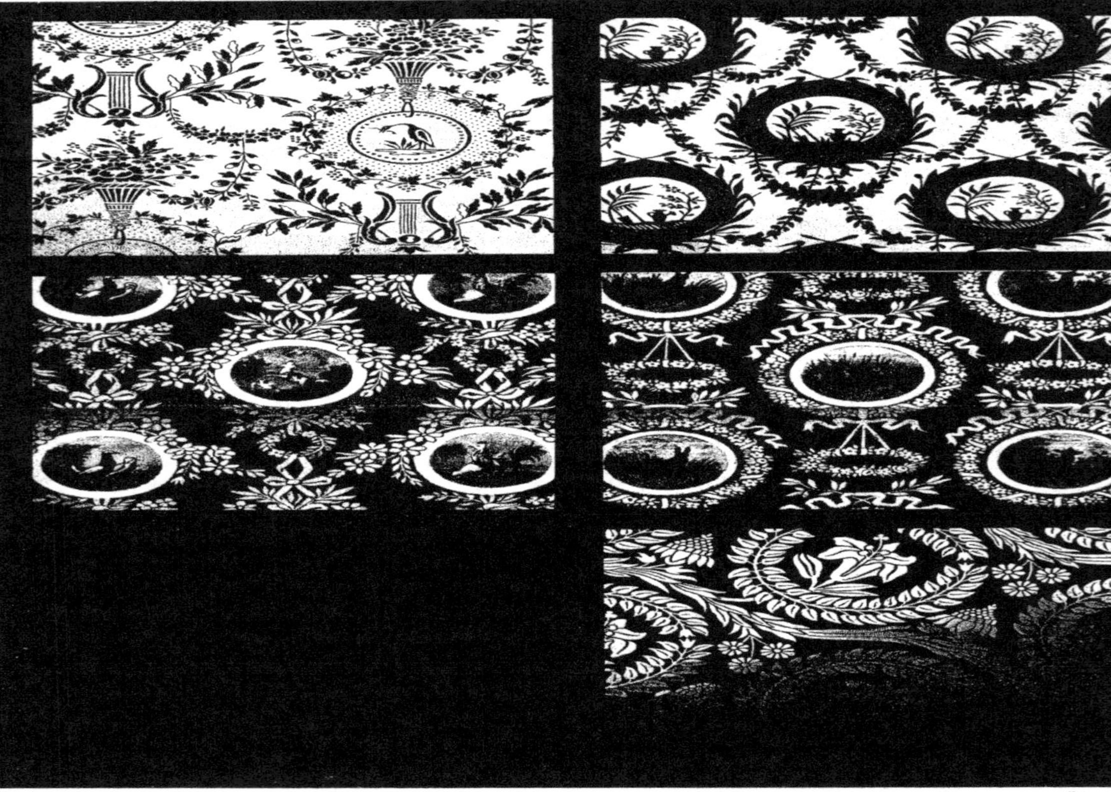

Imp. de la Librairie Ancienne & Moderne, Bachelin Deflorenne, 90, Boul. Montparnasse, Paris
BACHELIN DEFLORENNE, ÉDITEUR

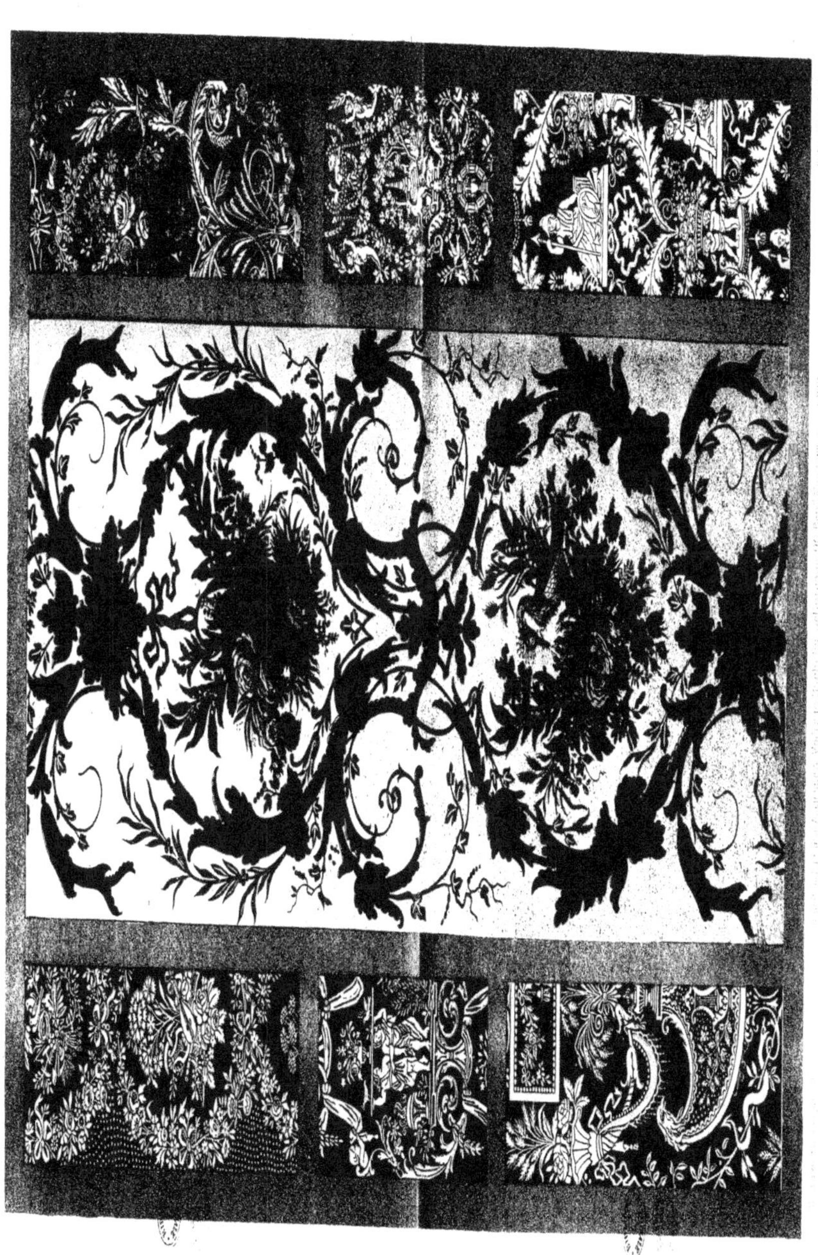

Imp. de la Librairie Ancienne & Moderne, Bachelin Deflorenne, 90 Boul Montparnasse Paris
BACHELIN-DEFLORENNE ÉDITEUR
AUTEUR & Cⁱᵉ LIBRAIRES

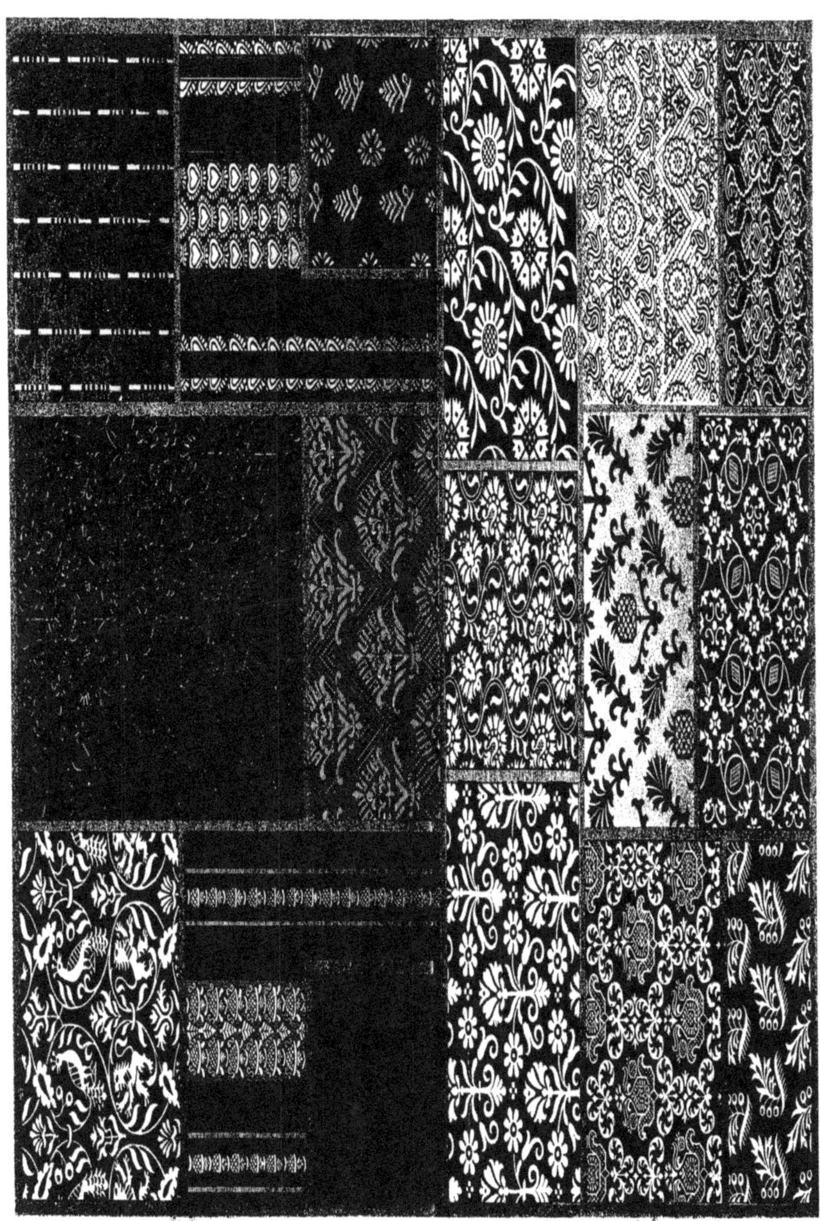

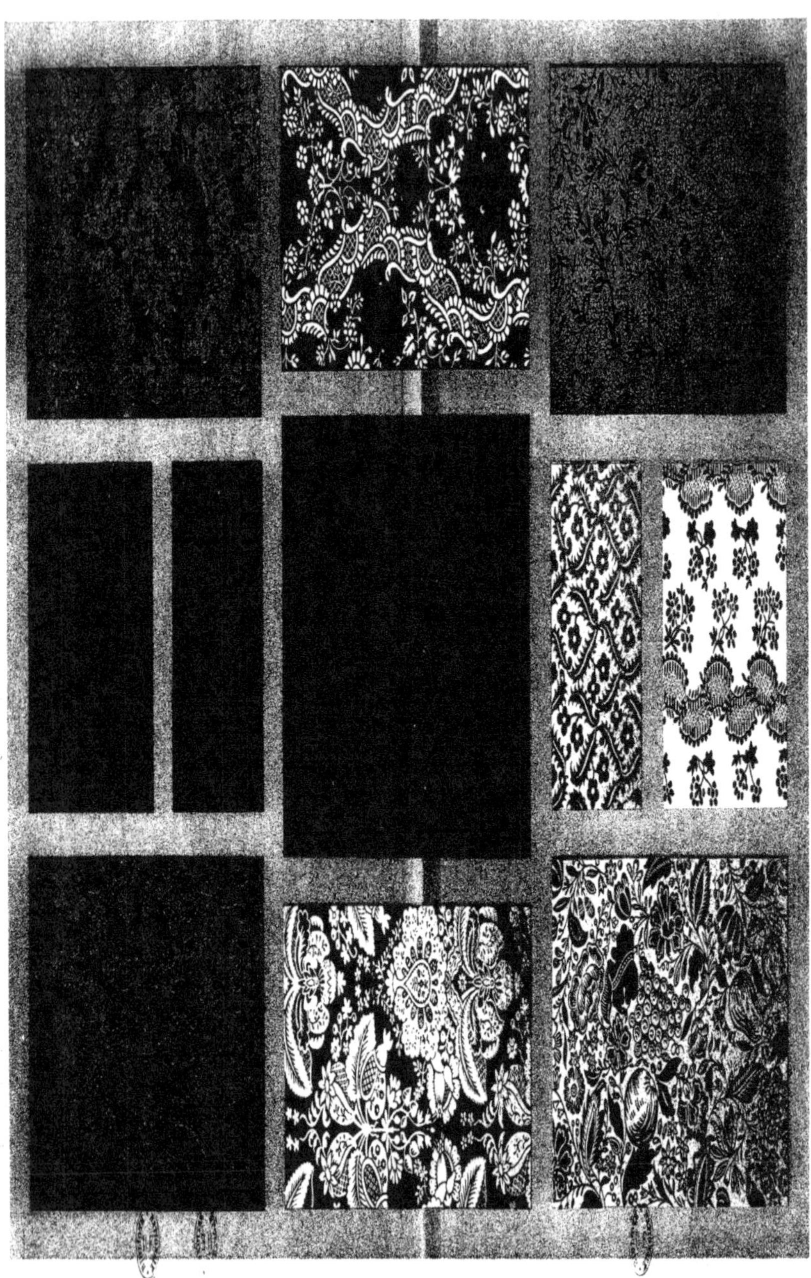

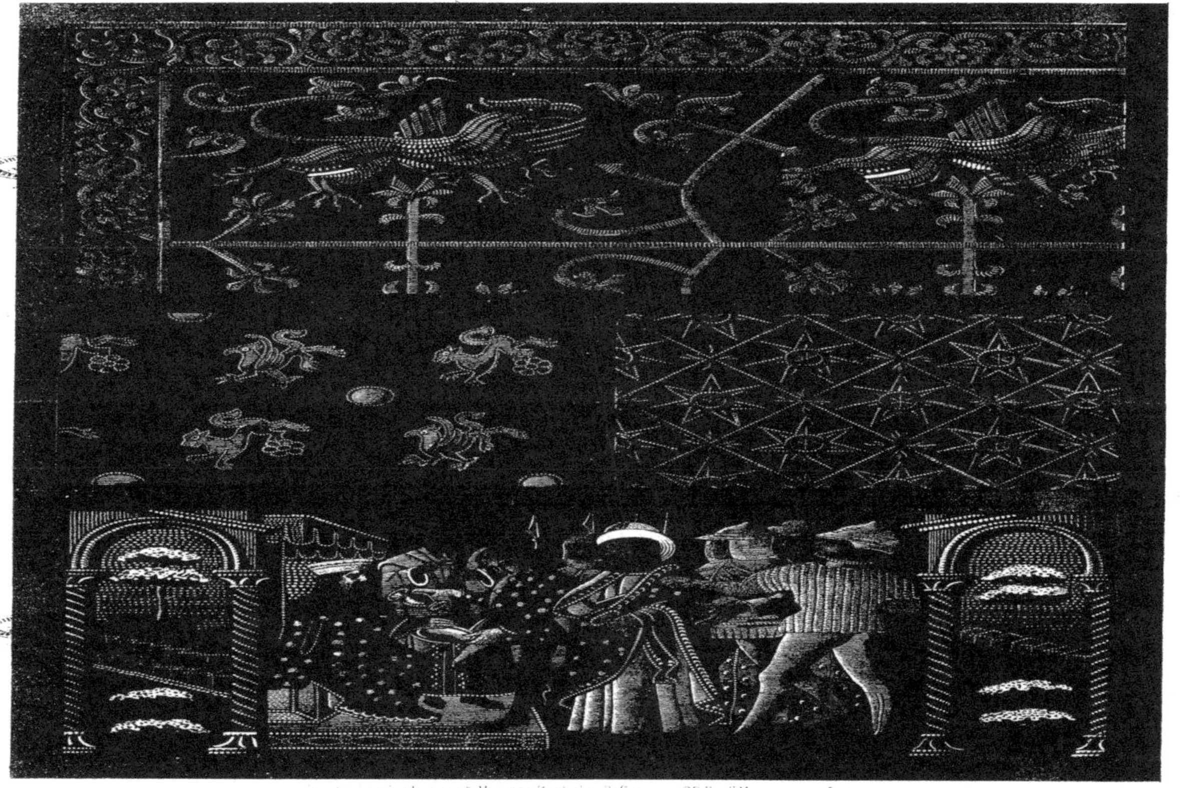

Moreau, Bachelin Deflorenne 90 Bᵈ Montparnasse Paris

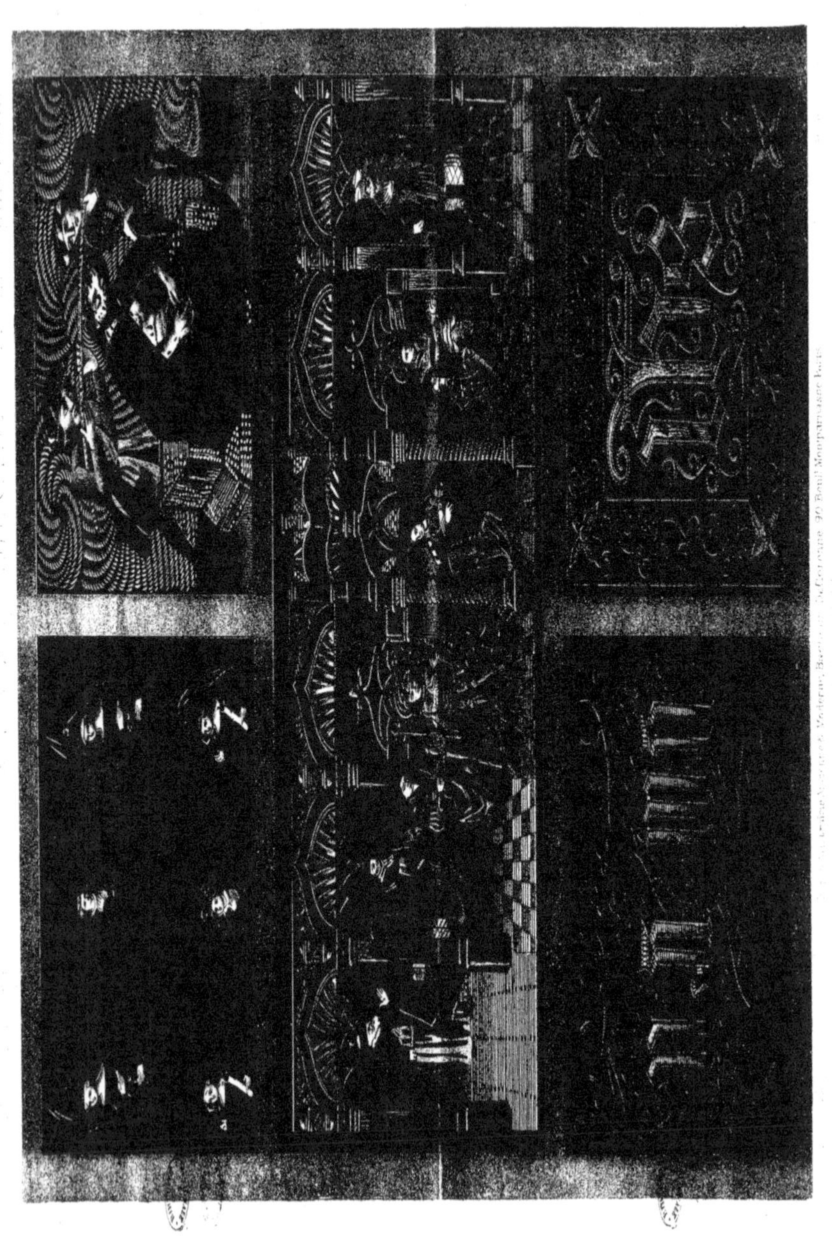

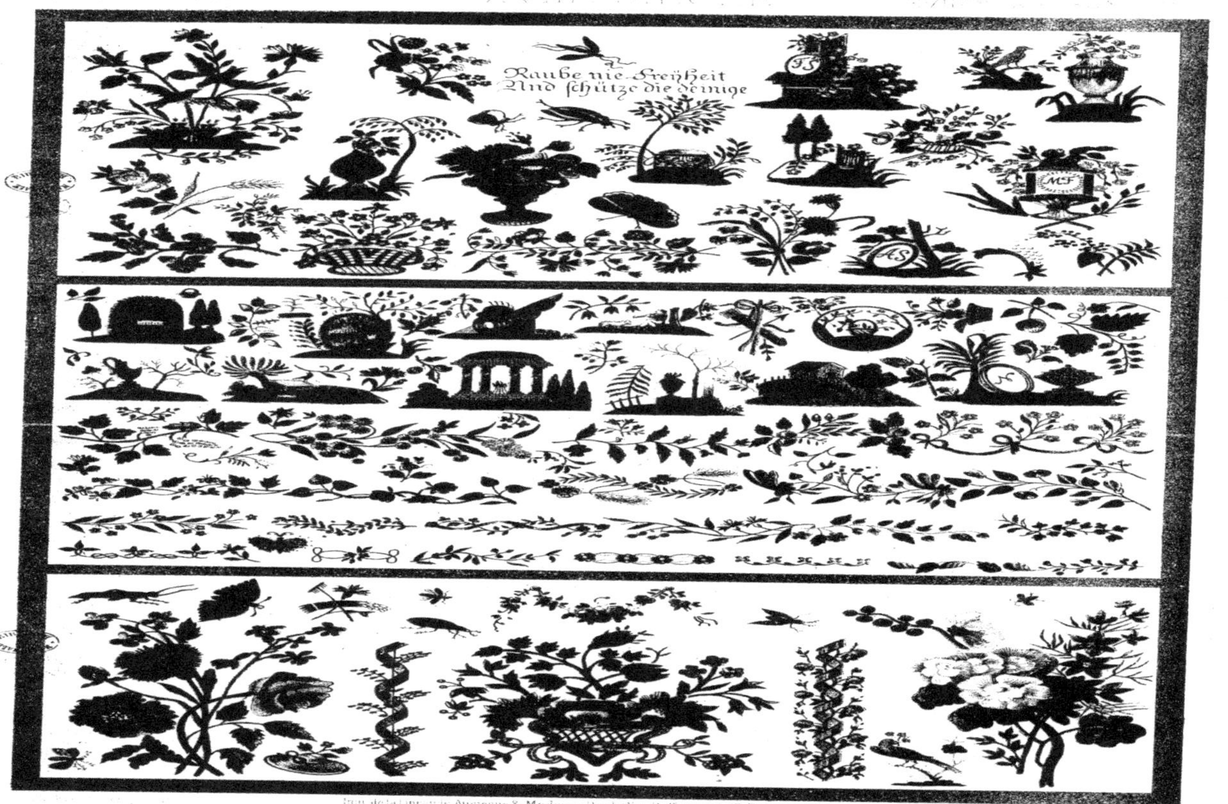

Raube nie Freyheit
Und schütze die deinige

# TABLE DES MATIÈRES

## CHAPITRE VIII



## CHAPITRE IX



ALBUM DE 32 PLANCHES EN COULEURS

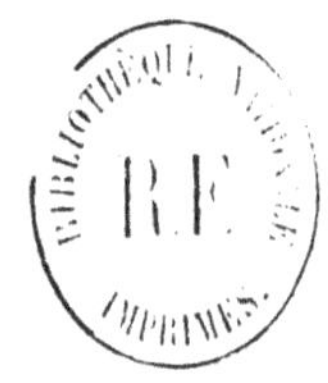